WAS DER KUTSCHER NOCH WUSSTE

Friedrich Hainbuch

Was der Kutscher noch wusste

Hausmittel, Tips und Tricks

Franckh-Kosmos

Mit 19 Farbfotos des Autors (16), von Petr Blaha
(2) und Gerhard Schmid (1) sowie 66 Schwarz-
weißzeichnungen von Gerhard Kapitzke,
Hannover

Umschlaggestaltung von Atelier Jürgen Reichert,
Stuttgart, unter Verwendung von Fotos des
Autors (U4) sowie von Sorrel (U1), Lothar Lenz
(U1) und Hans-Jörg Schrenk (U1)

Die Deutsche Bibliothek – CIP-Einheitsaufnahme

Hainbuch, Friedrich:
Was der Kutscher noch wusste : Hausmittel, Tips
und Tricks /
Friedrich Hainbuch. – Stuttgart :
Franckh-Kosmos, 1996
  ISBN 3-440-07109-X

© 1996, Franckh-Kosmos Verlags-GmbH & Co.,
Stuttgart
Alle Rechte vorbehalten
ISBN 3-440-07109-X
Printed in Germany/Imprimé en Allemagne
Satz: Utesch Satztechnik GmbH, Hamburg
Druck und Binden: Huber KG, Dießen

Was der Kutscher noch wußte

Faszination Fahren

Das Fahren mit Pferd und Kutsche hat lange Tradition und ist eng in der bäuerlichen Kultur und Tradition verwurzelt. Eingesetzt bei der Arbeit auf dem Feld und Hauptverkehrsmittel auf Straßen und Wegen waren Gespanne ein alltäglicher vertrauter Anblick.

Dies ist freilich heute nicht mehr der Fall. Aber das Fahren hat seine Faszination gleichwohl ungebrochen behalten und erfreut sich seit Jahren einer zunehmenden Beliebtheit unter Pferdefreunden und beim Publikum. Eine stilgerecht restaurierte Kutsche, ein farbenprächtig geschmücktes Gespann auf einem Fahrturnier oder ein Freizeitfahrer, der mit seinen Pferden im flotten Trab den Ausflug in die Natur genießt – all dies ist ein Vergnügen für jeden Fahrer und eine Augenweide für die Zuschauer!

Und es sieht so einfach aus. Aber auch Fahren will gelernt sein, und ein prachtvolles Gespann erfordert eine Fülle an Wissen um Geschirre und Wagen, um korrekte Pflege und Restaurierung, um die richtige Anspannung, die Etikette und vieles andere mehr. In früheren Zeiten wurde dieses Wissen, wurden Hausmittel, Tips und Tricks rund ums Fahren vom Vater an den Sohn weitergegeben und so tradiert; vieles findet sich auch in alten Büchern. Wertvolle Informationen bietet ebenso der reiche Erfahrungsschatz von Insidern und »alten Hasen«. Möglichst viel davon zu bewahren und zu sammeln war mein Anliegen, und so habe ich in Bibliotheken gestöbert, mit Fahrexperten gesprochen und mich bei ihnen umgesehen und umgehört. Vollständig freilich kann auch diese Sammlung nicht sein, und so freue ich mich über weitere Hinweise und Tips.

All denjenigen, die mich bei meinen Recherchen unterstützt haben, möchte ich dafür herzlich danken. Mein Dank gilt auch Herrn Fahrmeister Dieter Groß vom Haupt- und Landgestüt Marbach a. d. L., der sich trotz zahlreicher anderer Verpflichtungen die Zeit zu einer aufmerksamen Lektüre des Manuskriptes nahm.

Allen Lesern wünsche ich viel Freude und Erfolg beim Ausprobieren. So mancher vermeintlich »alte Hut« ist eben doch ein Neuerwerb!

Friedrich Hainbuch

Einleitung

Ganz gleich, um welchen Pferdesport es geht – stets sollten wir uns bei unserem Tun vor Augen halten, daß wir mit einem Lebewesen mit seiner ureigensten Sprache umgehen. Das erfordert Zeit: Zeit zum Kennenlernen des Pferdes sowie Zeit, um dem Pferd die Chance zu geben, den Fahrer kennenzulernen, um sich gegenseitig »zu beschnuppern«, sich aneinander heranzutasten. Auf diesem Fundament kann ein Miteinander von Fahrer und Pferd große Freude bereiten, und nur so wird eine Symbiose zwischen beiden gewährleistet sein.

Ein erfolgreicher Trainer der deutschen Fahrsportler, ein Herr der alten Schule, wurde einmal bei einem Turnier gefragt: »Fahren Sie nach Achenbach?«

»Nein«, war die Antwort, »ich fahre nach Cuxhaven.«

Wer sich auf Achenbach beruft, der gerät leicht in den Verdacht, ein Konservativer, ein Übriggebliebener zu sein, der sich mehr oder weniger massiv über den heutigen Traditionsverlust gerade im Bereich des Fahrens beklagt und eigentlich nur das Althergebrachte gelten läßt und dieses auch zu bewahren trachtet.

Daß dieser Name und das, was er verkörpert, nicht nur grundlegend für das heutige Fahren geworden ist und möglicherweise auch mit dazu beitragen kann, Leben und Gesundheit des Fahrers wie das seiner Pferde zu bewahren, soll Ihnen im folgenden ein wenig nähergebracht werden.

Fahren

Bevor Sie sich als zukünftiger Kutscher am Fahren mit Ihrem Gespann erfreuen, sollten Sie sich zuerst mit Leinenhaltung und -führung sozusagen in Trockenübungen auseinandersetzen und gründlich vertraut machen. Dies ist nicht nur nach dem Achenbachschen Fahrsystem sehr hilfreich und notwendig und verhindert ein Ziehen am Maul.

Am Fahrlehrgerät

Bevor man sich auf den Bock setzt, sollte man grundsätzlich erst einmal am Fahrlehrgerät bei durchhängenden Gewichten und straffen Leinen das Verlängern und Verkürzen im ständigen, lockeren und lockernden Händespiel üben. Sind nämlich die Hände des Fahrers an diese

ACHENBACH

Benno von Achenbach (1861–1936) war der »Fahrpapst« in Deutschland um die Jahrhundertwende bis zu seinem Tod im Jahre 1936. Von ihm stammen viele neue Ideen und seine nach ihm benannte Fahrlehre zur Pferdeschonung, nach der heute noch gelehrt und geprüft wird.

Diese Lehre kann in sieben Punkte zusammengefaßt werden:

1. Zum korrekten und das heißt auch gleichzeitig sicheren Fahren gehören die Achenbachleine, die Peitsche und die feste Bracke.
2. Auf korrektem Ein- und Zweispännigfahren ist das Fahren des Vier- und Mehrspänners aufgebaut. Ein Umlernen ist nicht notwendig.
3. Die rechte Hand ist jeden Augenblick frei zum Grüßen, Bremsen, Peitschengebrauch und Geben von Fahrtrichtungszeichen.
4. Die senkrechte Stellung beider Hände in der Dressurhaltung ermöglicht Wendungen des Gespannes lediglich durch Drehung der Handgelenke.
5. Alle Wendungen und auch das Ausweichen werden nur durch Nachgeben mit der äußeren Leine eingeleitet. Bei der Linkswendung wird also die rechte Leine nachgegeben, bei der Rechtswendung die linke. Den Wendungen geht immer das Verkürzen des Tempos voraus.
6. Rechts- und Linkswendungen sind grundsätzlich voneinander verschieden und werden deshalb auch unterschiedlich gefahren.
7. Absolut lebensnotwendig: Niemals eine oder beide Leinen gleiten lassen. Dies macht korrektes Fahren unmöglich, ist im Verkehr gefährlich und deshalb verboten!

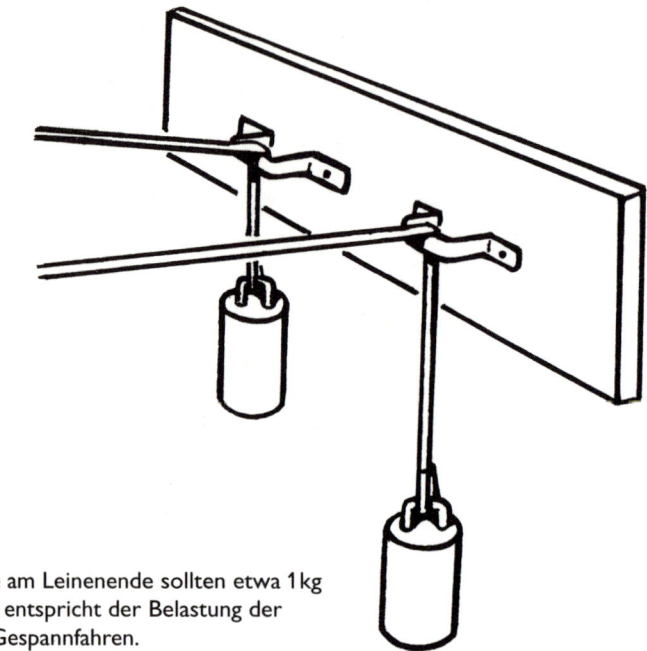

Fahrlehrgerät
Die Gewichte am Leinenende sollten etwa 1 kg
betragen. Das entspricht der Belastung der
Hände beim Gespannfahren.

Arbeit gewöhnt, haben die Pferde den größten Nutzen davon: Ohne ihnen im Maul Schmerzen zu verursachen, kann der Fahrer dann die Leinen verlängern oder verkürzen.

Übrigens: Die Gewichte am Leinenende, also gewissermaßen am »Gebiß«, sollen jeweils etwa 1 kg betragen. Das entspricht der gewünschten Belastung der Hände beim Gespannfahren.

Longenarbeit

Bevor man überhaupt an das Anspannen eines »Fahrschülers« denken kann, muß man mit ihm zuvor mit Longe und Doppellonge arbeiten. Dazu ist es hilfreich, wenn Sie gleich von Anfang an Ihr Pferd immer an der gleichen Stelle im Stall anbinden, es dort putzen, ihm die Hufe auskratzen und die notwendigen Hilfsmittel

Übung macht den Meister
Wenn Sie einige Male am Fahrlehrgerät geübt haben, sollten Sie die Augen schließen und versuchen, die Griffe korrekt nach Achenbach durchzuführen, damit Ihnen dieses »Handling« in Fleisch und Blut übergeht und Sie die Griffe sprichwörtlich »wie im Schlaf« handhaben können!

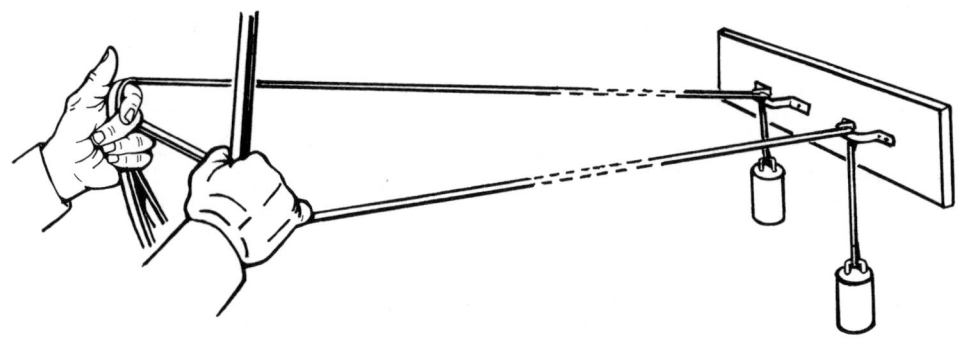

Korrekte Dressurhaltung am Fahrlehrgerät

anpassen. Nach einigen Übungen weiß es dann schon, wenn es an diese Stelle geführt wird, worum es geht und was es zu erwarten hat. Ganz wichtig dabei ist es, jeden Handgriff mit größtmöglicher **Ruhe**, in kleinen **Lerneinheiten** und mit viel Lob und Belohnungen auszuüben. So gewinnt Ihr Pferd Vertrauen und empfindet nichts Unangenehmes oder gar Schreckliches bei dieser Arbeit! Die einzelnen Schritte der Ausbildung sind:

Gewöhnung an Halfter, Gebiß und Geschirr, die Arbeit mit der einfachen Longe, danach mit der Doppellonge, dann erst die Arbeit an der Schleppe und zuletzt das erste Anspannen.

Auch zwischendurch sollten Sie Ihren Liebling immer wieder einmal longieren, nicht nur im Rahmen seiner Ausbildung, sondern auch, um Ihr Pferd schonend zu bewegen und/oder vor dem Anspannen zu lockern und zu lösen.

Was benötigen Sie für die Longenarbeit?

Longiergurt oder Kammdeckel beziehungsweise Sellette, Trensenzaum, zwei Ausbindezügel und die Longierpeitsche.

Sie können anstelle des Longiergurtes oder der Geschirrteile auch einen Sattel ohne Steigbügel verwenden.

Nach dem Auftrensen werden Longiergurt oder Kammdeckel beziehungsweise Sellette aufgelegt, aber noch nicht stramm angezogen. Die Ausbindezügel befestigt man in halber Höhe am Longier- beziehungsweise Bauchgurt und verschnallt sie so, daß die Nase des Pferdes etwas vor der Senkrechten steht. Dabei soll der jeweils äußere Zügel etwa zwei Loch länger geschnallt sein als der innere. Die Longe schnallt man in den inneren Trensenring. Bei jungen oder empfindlichen Pferden sollte man einen Kappzaum verwenden.

Erst jetzt wird nachgegurtet.

Wie werden Longe und Peitsche gehalten?

Beim Longieren auf der linken Hand nimmt man die Longe in die linke und die Peitsche in die rechte Hand. Der linke Arm ist leicht angewinkelt, die Peitsche

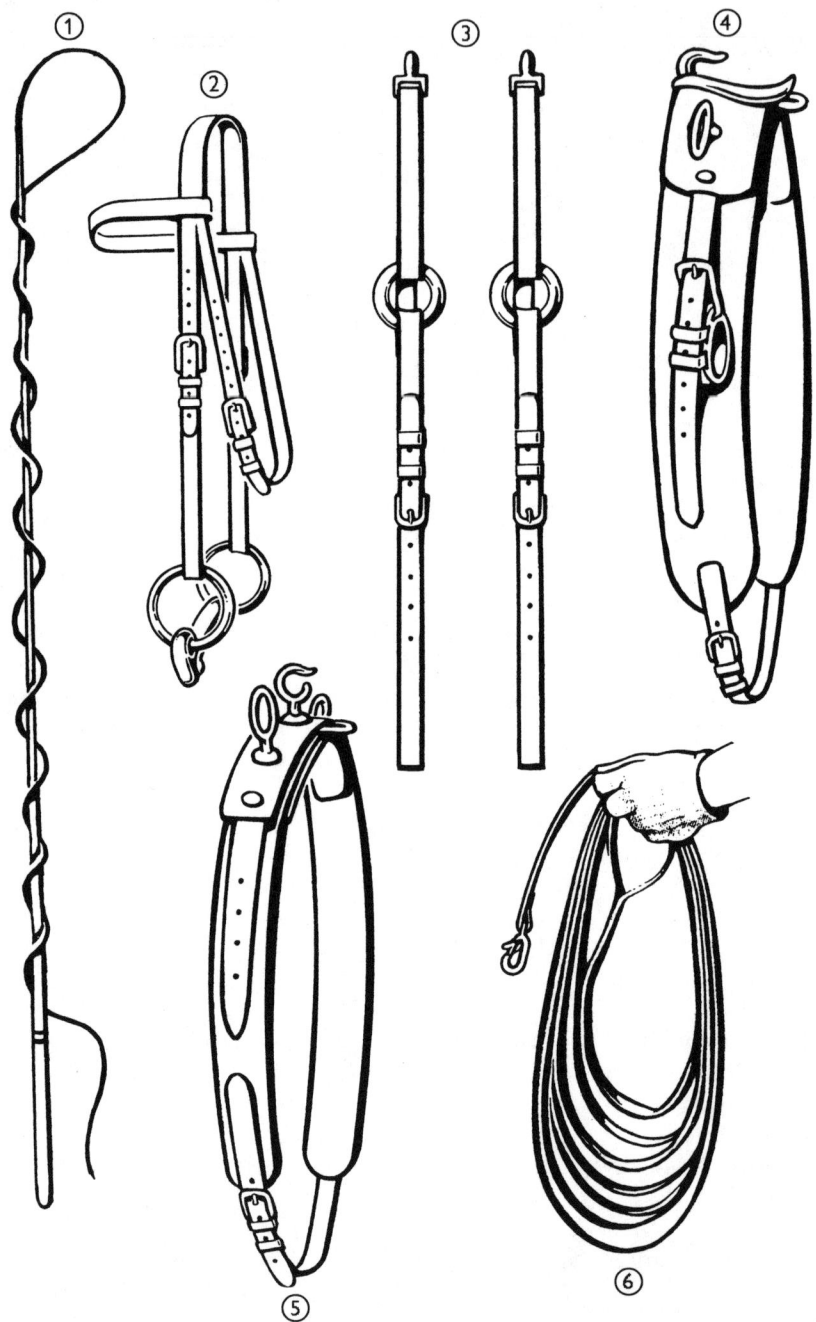

Links: Einzelteile für die Longenarbeit
① Peitsche beziehungs-
    weise Longierpeitsche
② Trense
③ Ausbindezügel
④ Sellette
⑤ Kammdeckel
⑥ Longe

weist in waagerechter Linie auf die Hinterbeine des Pferdes. Longiert man auf der rechten Hand, verfährt man genau umgekehrt (s. Abb. auf Seite 15).

Was benötigen Sie für die Doppellongenarbeit?

Am besten ist ein Doppellongengeschirr mit Longiergurt und Vorderzeug oder ein halbes Zweispännergeschirr ohne Stränge, dazu zwei dicke Leinenführungsringe zum Einschnallen unter den Strangschnallen. Sie können aber auch ein Einspänner-Sellette oder zur Not einen Reitsattel verwenden. Hinzu kommen Trensenzaum, eine 17 m lange Doppellonge, die aus einem Stück gearbeitet sein sollte, an den Enden versehen mit

zwei Schnallen und Schnallstrippen zum Einschnallen in die Trensenringe (es können auch zwei Karabinerhaken sein) sowie eine Longierpeitsche. Das vordere Stück jeder Longenhälfte sollte möglichst aus rundgenähtem Leder gefertigt sein, da sich dieses leichter in den Leinenringen und den am Bauchgurt befindlichen großen Ringen bewegt als zum Beispiel breitere Hanfstücke. Als Material für die hinteren Teile der Doppellonge eignen sich wegen des geringen Gewichtes besser als Leder starker Hanf oder Baumwolle. Baumwolle verhindert beim möglichen Durchrutschen durch die Hände eventuelle Brandblasen. Um dies zu vermeiden, sollten Sie übrigens immer bei dieser Arbeit Handschuhe tragen!

Vorbereitung auf die Doppellongenarbeit

Zunächst wird das Geschirr aufgelegt, während Sie mit Ihrem Pferd in Ruhe

---

AUF EINEN BLICK

Ausrüstung für die Longenarbeit
- Longiergurt oder Kammdeckel beziehungsweise Sellette
- Trensenzaum
- Zwei Ausbindezügel
- Longierpeitsche
- Longe

Ausrüstung für die Arbeit mit der Doppellonge
- Doppellongengeschirr mit Longiergurt und Vorderzeug oder
- Zweispännergeschirr ohne Stränge
- Trensenzaum
- Zwei Leinenführungsringe an der Strangschnalle
- Longierpeitsche
- 17 m lange Doppellonge

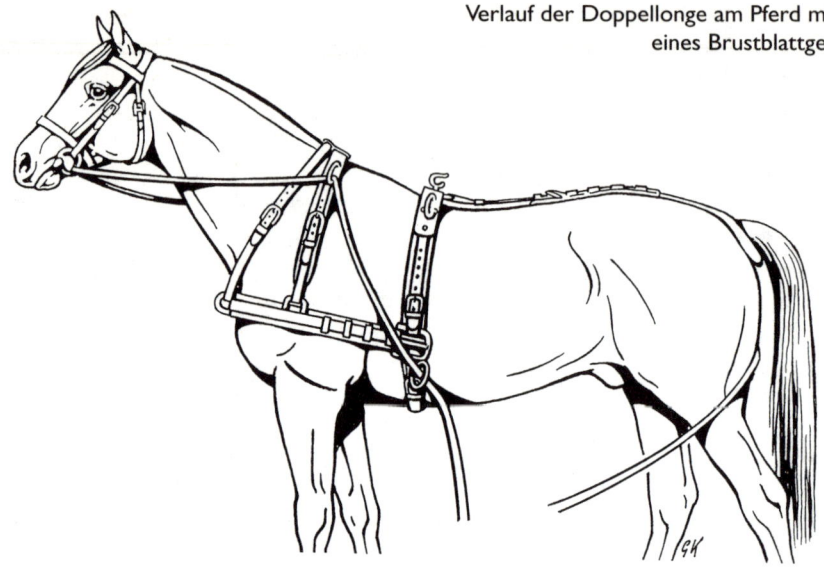

Verlauf der Doppellonge am Pferd mit Hilfe eines Brustblattgeschirrs

sprechen. Das beruhigende Reden flößt immer Vertrauen ein. Später, wenn Sie auf dem Wagen hinter dem Pferd sitzen, ist es wichtig, daß das Pferd Ihre vertraute und vertrauenswürdige Stimme hört. Diese Laute können später einmal in schwierigen Situationen eine Lebensversicherung sein!

Beim Anspannen sollten Sie gleich von Anfang an den Schweifriemen mit einschnallen; bei empfindlichen Pferden haben sich Schweifriemen mit Schnalle auf der linken Seite bestens bewährt. Achten Sie aber darauf, daß Sie nicht zu stramm verschnallen!

Für die Führung sind am Bauchgurt des Doppellongengeschirrs beidseitig bereits zwei große Ringe in knapp 60 cm Abstand zum Fallring befestigt. Bei Kammdeckel oder Sellette sind zwei Ringe unter der Strangschnalle auf den kleinen Bauchgurt zu schieben und mit ei-

Probleme beim Longieren

Sollte ein Pferd kreiselartig kehrtmachen, lassen Sie es sich mit den Beinen ganz in die Longe wickeln. Nur nicht in Panik ausbrechen! Lassen Sie das Pferd eine Zeitlang in der selbstbereiteten »Zwangsjacke« stehen. Sie werden bald feststellen, daß der Klügere nachgibt!

Wenn ein Pferd nach der Doppellonge ausschlägt, sollten Sie sich sofort auf den Zirkel begeben und nicht länger hinter dem Pferd aufhalten. Auch ein fest sitzendes Hufeisen könnte sich schließlich lösen und Sie schwer verletzen. Lassen Sie das Pferd sich auf dem Zirkel austoben; es hört bald von selbst auf und gibt sich anschließend meist gut gelöst.

nem Sporenriemen an der Strangschnalle zu befestigen.

Verwenden Sie einen Sattel, werden die relativ kurz geschnallten, heruntergezogenen Bügel mit Sporenriemchen beidseitig am Sattelgurt festgelegt und die Longe hier hindurchgeführt. Die Doppellonge wird von hinten durch Ringe eingezogen, dann durch die Leinenringe am Halsriemen beziehungsweise Kumt geführt und beidseitig in die Trensenringe eingeschnallt.

Haltung der Doppellonge und Peitsche

In jeder Hand eine Longe, beide Arme sind leicht angewinkelt. Wird auf der linken Hand longiert, kommt die Peitsche in die rechte Hand, auf der rechten Hand entsprechend umgekehrt, während die linke die überschüssige Longenlänge in großen Schlaufen aufnimmt. Sie sollten besonders darauf achten, daß diese Enden nicht auf dem Boden herumliegen. Sehr schnell tritt man hinein und hat sich darin verwickelt. Nicht auszudenken, was passiert, wenn das Pferd aus irgendeinem Grund scheut und sich ruckartig vom Zirkel wegbewegt und Sie im Longenende hängen! Manche Ausbilder empfehlen, im fortgeschrittenen Stadium der Doppellongenarbeit die überflüssigen Longenenden über den Nacken zu legen, um zu verhindern, daß man hineintritt.

Korrekte Haltung der Longierpeitsche beim Longieren auf der rechten Hand.
Der äußere Ausbindezügel ist durch den inneren verdeckt.

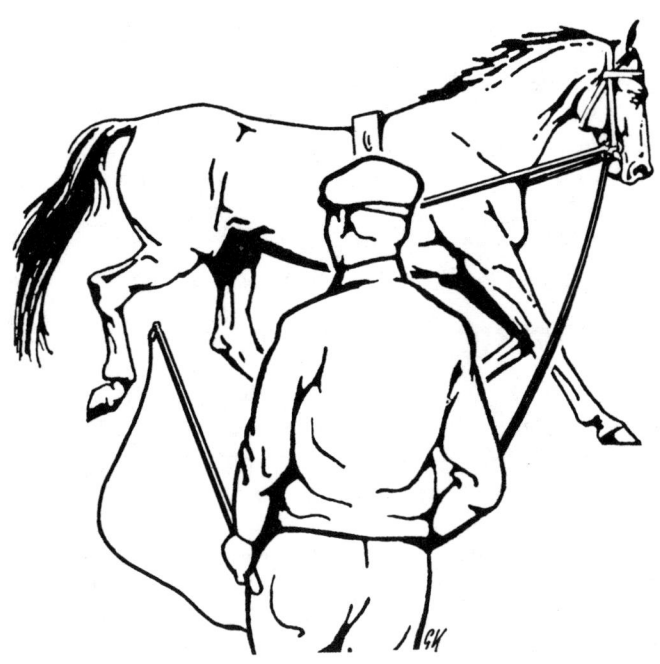

Bei der Doppellongenarbeit ist es wichtig, daß sich das Pferd an die um die Hinterbeine laufende Longe gewöhnt: Hier verlaufen später die Stränge!

Erst anreiten oder einfahren?

Sollte man ein »rohes« Pferd nach dem Longieren erst anreiten und dann einfahren oder umgekehrt?

Man kann beide Wege beschreiten. Bei Ponys ohne passenden Reiter und bei Großpferden, wenn ein zuverlässiges Lehrpferd zur Verfügung steht, beginnt man am besten mit dem Einfahren. Muß das Pferd allein eingefahren werden, gibt es mit einem angerittenen Pferd meist weniger Probleme.

Selbstverständlich sollte auch ein reines Fahrpferd unter dem Sattel ausgebildet werden. Die Dressurübungen stellen eine hervorragende Ergänzung innerhalb der Fahrausbildung dar. Ebenso schadet entgegen mancher Meinung korrektes Fahren auch dem Reitpferd überhaupt nicht. Es ist ein guter Ausgleichssport, fördert den Schritt und – bei jungen Pferden – auch die weitere Wachstumsentwicklung.

Die Arbeit an der Schleppe

Beim ersten Anspannen vor der Schleppe sollte zumindest ein Helfer, besser eigentlich zwei, mit eingeschnallter Longe neben dem »Auszubildenden« hergehen, um ihm Sicherheit zu geben, ihn zu beruhigen und um den Ausbilder (und zukünftigen Fahrer) bei auftretenden Schwierigkeiten zu unterstützen.

Bevor Sie Ihr Pferd eine Schleppe ziehen lassen, sollten Sie es darauf vorbereiten. Dazu gehen am besten zwei Helfer hinter dem Pferd und halten die Stränge – oder besser starken Seile – und erhöhen dabei kontinuierlich den Zug, damit sich das Pferd an den Zug gewöhnen kann. Erst wenn das einwandfrei funktioniert, kann an den Einsatz einer stabilen Schleppe oder eines Zugschlittens gedacht werden, auf der den der Ausbilder aufsteigen kann und dann dort sicheren Halt findet. Eine ungesicherte Transportpalette (Europalette) sollten Sie als Schleppenersatz aus Sicherheitsgründen nicht benutzen!

Der Umgang mit der Peitsche

Zum Schluß einer jeden Lektion oder Stunde muß das Pferd an das ruhige und streichelnde Anlegen der Peitsche gewöhnt werden. Dies funktioniert am besten, indem Sie gleich nach dem Auflegen des Geschirrs dem Pferd die Peitsche zeigen und in Ruhe und mit gutem Zureden über den Kopf und den gesamten Körper damit streichen. So lernt es sehr schnell, daß die Peitsche nichts Schlimmes an sich hat, sondern lediglich als Hilfsmittel benutzt wird.

Denken Sie immer daran: Die Peitsche ist nur der verlängerte Arm! Niemals sollten Sie mit der Peitsche strafen; das Pferd wird es sich merken und immer wieder mit Angst darauf reagieren!

Haben Sie bei Ihrem Pferd absolutes Vertrauen zur Peitsche erreicht, so üben Sie sehr vorsichtig und diszipliniert das Peitschenknallen, möglicherweise auch mit Hup-, Sirenen- und Trommelgeräuschen. Vergessen Sie dabei aber nie, daß

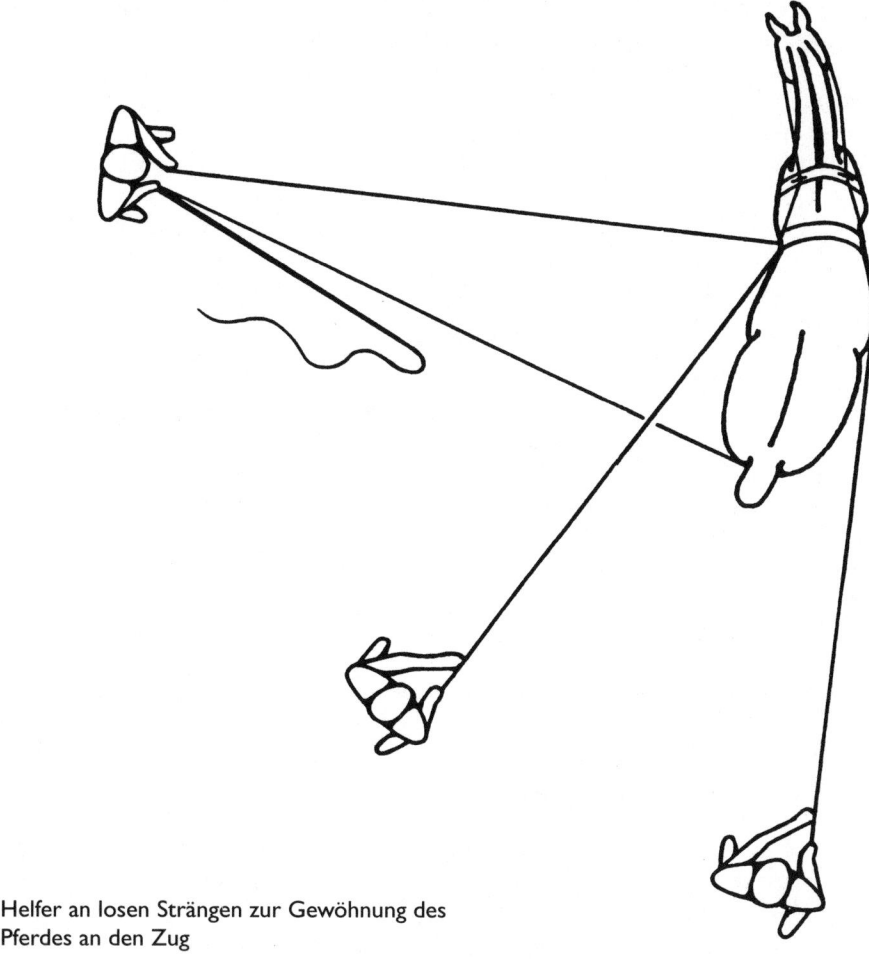

Helfer an losen Strängen zur Gewöhnung des
Pferdes an den Zug

Erste Fahrversuche

Die ersten Fahrversuche sollten Sie nie allein unternehmen, sondern immer zwei Helfer dabeihaben. Üben Sie auf einem ruhigen, ebenen Platz in vertrauter Umgebung! Am besten eignen sich von der Bodenbeschaffenheit eine Wiese oder ein nicht zu tiefer Sandplatz.

das Pferd ein Fluchttier ist – es hat meist zunächst Angst und möchte davonlaufen! Es ist Ihre Kunst, gegenüber diesem instinktiven Verhalten dem Pferd zu zeigen, daß es Vertrauen haben kann und keine Angst zu haben braucht.

Selbstverständlich wäre es noch besser, mit dem jungen zwei- oder dreijährigen Pferd mit einem Helfer an erst wenig und dann stärker befahrenen Straßen zu üben, mit Halfter und Führstrick. Dies ist keine schwere Arbeit, sondern ein eher spielerisches Lernen, mit dem Sie eigentlich nicht früh genug beginnen können. Dann lernt unser Zögling recht bald, daß auch dies nichts Schlimmes und Furchterregendes ist, und er wird später als Fahrpferd im Straßenverkehr Ihrer sanften, vertrauenswürdigen Stimme absolutes Vertrauen schenken.

Das Anfahren

Bestimmt haben auch Sie beim Anfahren eines Gespannes schon Szenen beobachten müssen, die aus einem Wildwestfilm stammen könnten: Der Kutscher knallt mit seinen Leinen den Pferden so richtig auf den Rücken, damit es ordentlich mit Tempo losgeht. Ein solches Verhalten ist absolut nicht pferde- und tierfreundlich, und Sie sollten es nie nachahmen! Statt roher Gewalt setzt man mit der Stimme ein freundliches, immer gleichbleibendes, aufmunterndes Kommando und gibt etwas mit beiden Händen nach. So lernen Ihre Pferde, in Ruhe anzutreten, und es wirkt zudem auch viel eleganter!

Alte, erfahrene Kutscher lassen die Pferde zunächst ein klein wenig nach links oder rechts treten, damit sind zumindest drei Beine in Bewegung. Danach wird das Gespann sofort geradegerichtet, und die Fahrt kann beginnen. Eine keineswegs ungeschickte Lösung!

Das Einfahren

Heute werden viele Pferde im Einspänner als Fahrpferd ausgebildet. Früher wurde ein junges Pferd meist im Zweispänner eingefahren mit einem »Lehrmeister«, einem im wahrsten Sinne des Wortes »erfahrenen« Pferd an seiner Seite. In der Landwirtschaft und im Gewerbe wurde kaum einspännig gefahren, sondern mindestens zwei-, wenn nicht gar mehrspännig. So war es auch kein sehr großes Problem, ein junges Pferd ins Geschirr zu bringen, und auch heute noch schwören viele Ausbilder auf diese Methode.

Die jungen Fohlen lernten das Fahren früh kennen: Kurz nach der Geburt eines Fohlens wurde die Mutterstute schon wieder eingespannt, und bei der Frühjahrsbestellung der Felder lief das Fohlen dann bereits munter nebenher. War es müde, legte es sich einfach auf den Acker und behielt dabei Mutter und Kutscher im Auge. Von klein auf war ihm so alles vertraut, was mit dem Fahren verbunden war, und es mußte daran nicht erst später beim Einfahren gewöhnt werden.

Nach dem Absetzen wurde das Fohlen mit Gleichaltrigen aufgezogen, kam zweieinhalbjährig im Herbst von der Koppel und wurde vorsichtig ins Geschirr genommen.

Auf den großen landwirtschaftlichen Gütern waren zum Verrichten der Arbeiten viele Gespanne im Einsatz. Unter den Gespannführern gab es immer auch Spezialisten, die für die Ausbildung junger Pferde zuständig waren. Ihnen wurde zu ihrem »alten« Gespann ein junges Pferd zugeordnet, das vorerst einfach danebengebunden wurde und zunächst wieder, wie schon zu seiner Fohlenzeit, neben der »Mutter« in der Ackerfurche mitlief. Selbstverständlich übte man dies nicht stundenlang, sondern nur kurze Zeit; diese Arbeitszeitspanne wurde dann von Tag zu Tag verlängert. Hatte sich der Neuling daran gewöhnt, als drittes Pferd mitzulaufen, wurde ihm nach einiger Zeit das Geschirr aufgelegt. Akzeptierte er dies, konnte man ihm das Gebiß anlegen und die Stränge einhängen. Klappte auch das, wurde der »Lehrling« als drittes Pferd mit eingespannt und behutsam immer stärker zur Arbeit herangezogen. Wurde es nach einiger Zeit als zugfest eingestuft, spannte der Ausbilder das Pferd anstelle des mittleren Pferdes in das Gefährt ein, aber immer rechts neben seinen erfahrenen Lehrmeister! Warum? Es war wichtig, daß sich dieses junge, noch sehr unerfahrene Pferd sicher fühlen konnte, also am besten auf der vom Straßenverkehr abgewandten Seite lief. Oft ging noch eine Begleitperson am Kopf nebenher, um ihm größtmögliche Sicherheit zu geben. Sollte es sich dann doch einmal erschrecken, war dies nicht so schlimm wie heute: Die Wagen und die Deichseln waren größer beziehungsweise länger, ebenso die Stränge; da war genug Platz zum

Auskeilen oder »Über-die-Stränge-Schlagen«! Heute muß man schon wesentlich besser aufpassen, denn Wagen und Stränge sind sehr viel kleiner.

Anspannungsarten

Das Wort bedeutet nicht »angespannt sein, während man auf dem Bock sitzt«. Das wäre ja höchst unerfreulich, denn das Fahren soll ja unserer vergnügten Freizeitgestaltung dienen und keine körperliche Strapaze sein.

Mit Anspannung ist das »Eingespanntsein des oder der Pferde vor dem Wagen (Kutsche)« gemeint. Es gibt drei Anspannungsarten: Die Sprengwaage (= halbfeste Anspannung), die Spielwaage (= lockere Anspannung) und die Dokkenanspannung (= feste Anspannung). Einspänner werden mit beweglichem Ortscheit gefahren. Die oben genannten drei Anspannungsarten gelten also vor allem für Zwei- und Mehrspänner.

Sprengwaage

Sie ist mit ihrem Waagbalken starr mit dem Wagen verbunden und besitzt bewegliche Ortscheite, die meist mit Lederschlaufen am Waagbalken befestigt sind.

An der Sprengwaage ist kaum ein »Spiel« möglich, während die

Der feine Unterschied
Einspänner werden mit beweglichem Ortscheit gefahren. Bei Zwei- und Mehrspännern sind die Sprengwaage, die Spielwaage und die Dockenanspannung erlaubt. Die beweglichste dieser drei Möglichkeiten ist die Spielwaage, kaum Bewegung ermöglicht die Sprengwaage, während die Dockenanspannung die starrste Anspannungsart überhaupt ist.

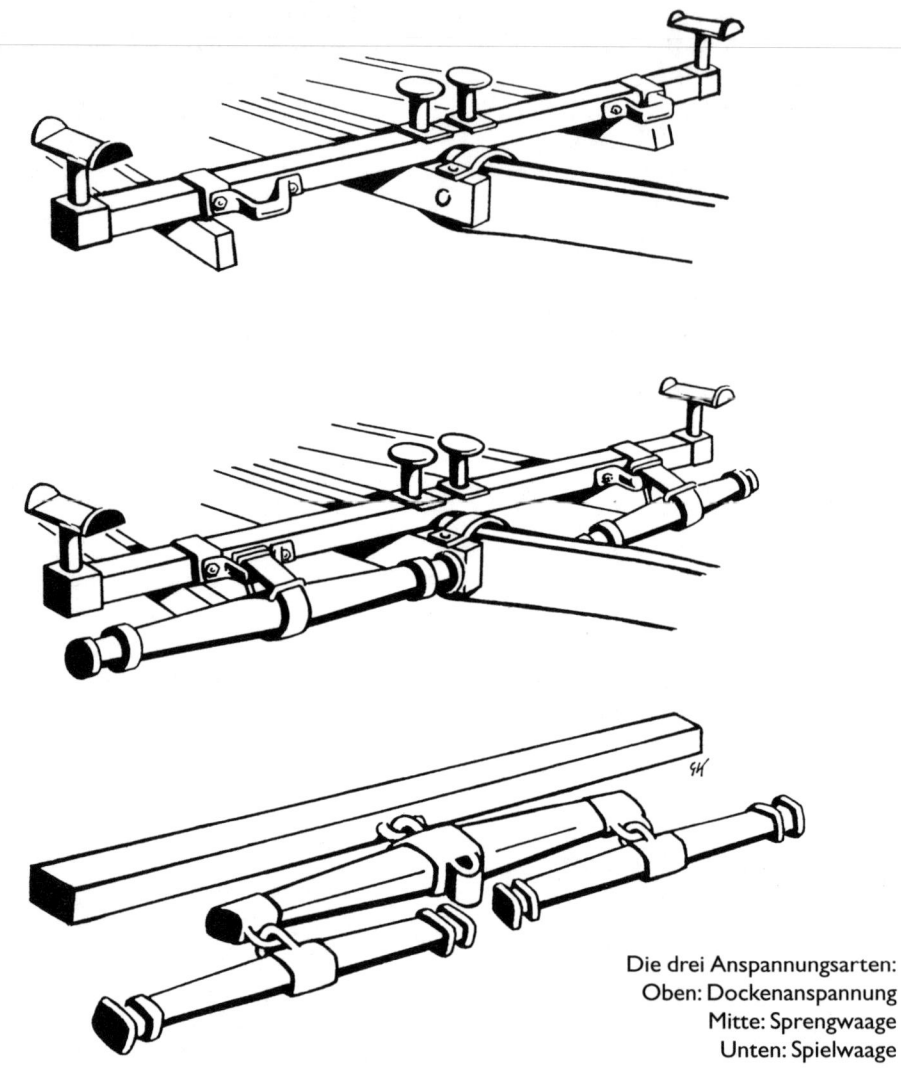

Die drei Anspannungsarten:
Oben: Dockenanspannung
Mitte: Sprengwaage
Unten: Spielwaage

Spielwaage

in der Mitte des Waagbalkens am Wagen so angebracht ist, daß sie rechts und links vor- und rückwärts bewegt werden kann, also »spielt«. Die Ortscheite, auch Schwengel genannt, sind gegenüber dem Waagbalken ebenfalls beweglich. Viele Fachleute raten zum Einfahren junger Pferde und zum korrekten Fahren unbedingt zum Einsatz der Sprengwaage. Denn nur mit fester Anspannung läßt sich zentimetergenau fahren. In der Landwirtschaft, beim Freizeitfahren und von weniger geübten Fahrern sollte die Spielwaage benutzt werden, da sich der Zug gleichmäßiger auf die Pferde verteilt. Gerade auf unebener Strecke, schlechten Wegen und ähnlichem würden die Pferde beim Ziehen an der festen Sprengwaage dauernd Stöße auf die Brust bekommen. Dies kann die Spielwaage zum großen Teil ausgleichen. Hinzu kommt, daß an vielen alten landwirtschaftlichen Maschinen keine Sprengwaage angebracht werden kann. Beim Einsatz der Spielwaage muß lediglich berücksichtigt werden, daß die Wendungen früher eingeleitet werden müssen als bei der Sprengwaage, da das äußere Pferd durch sein verstärktes Ziehen der Deichsel nicht den gewünschten Einschlag in die neue Richtung bringt, sondern die Deichsel mit der Schulter in die neue Richtung drücken muß.

An vielen älteren Wagen ist meist die Spielwaage vorhanden, die sich bei Überland- und Spazierfahrten bewährt. Auf Turnieren funktioniert man sie durch Festsetzen zur Sprengwaage um.

Dockenanspannung

Diese Anspannung ist völlig starr. Die Ortscheite fehlen, die Stränge werden über die Docken gestreift und festgezogen. Diese Anspannungsart kennt man nur beim Kumt und Kutschwagen. Sie hat den Nachteil, daß nicht ganz zugfeste Pferde bei dieser wirklich starren Anspannung überhaupt nicht mehr ziehen. Bei Brustblatteinsatz darf unter keinen Umständen an Docken angespannt werden, da sich sonst die Pferde die Brust wundscheuern.

Wagen (Kutschen)

Bauartanforderungen

Das beste und bestangepaßte Geschirr nutzt nichts, wenn im Wagenbau nicht auf einige grundlegende Gesichtspunkte geachtet wurde.

Vorder- und Hinterräder müssen spuren, das heißt, sie müssen in ein- und derselben Spur laufen. Ansonsten müßten die Hinterräder Schwerstarbeit leisten und ständig neu spuren, wodurch die Bodenreibung unnötig vermehrt und der Zug erschwert wird.

Je kürzer der Wagen und je breiter die Räder, um so besser. In der Höhe sind bei den Rädern Grenzen gesetzt, aber grundsätzlich gilt: Je höher das Rad, desto leichter der Zug!

Die Deichsel soll mit der Spitze in Höhe des Buggelenkes des Pferdes stehen und nicht von den Hälsen der Pferde getragen werden, da dies eine starke Belastung der Vorhand bedeutet. Außerdem ist es wichtig, daß sie fest im Lenkschemel sitzt und nur in geringem Umfang nach oben und unten beweglich ist, damit selbst ohne Bremse ein Aufhalten möglich ist. Es ist eine Qual, wenn sie in die Höhe steigt und die Pferde mit den Hinterbeinen an die Ortscheite stoßen! Kommen dann noch die losen Halskoppel hinzu, die bis hinter die Ohren rutschen, haben wir eine der schrecklichen Szenen vor unseren Augen, die man auf abschüssigen Straßen sehen kann. Dieses Erscheinungsbild zeugt von Tierquälerei und nicht von pferdeschonendem Verhalten!

Wer an eine Deichsel nur ein Pferd spannt, der erschwert durch den ständigen Deichselzug zur Gegenseite hin das ungestörte Geradegehen (beim links angespannten nach rechts und umgekehrt). Dadurch wird die Vorhand des Pferdes einseitig belastet. Auf unebenen Wegen wird das Pferd dauernd durch Deichselausschläge gestört, bei zu straffer Aufhaltekette scheuert die Deichsel am Buggelenk. Außerdem geht das so angespannte Pferd dauernd schief gestellt.

Die Hauptbestandteile einer Kutsche

Das Fahrgestell (Chassis) besteht aus Achsen, Rädern, Bremsen (Trommel-, Scheren-, Klotzbremse), Federn, Deichsel/Schere und Drehkranz.

Der Fahrzeugaufbau (Karosserie) besteht aus Wagenkasten, Beleuchtung (Lampen), Bock(sitz) und Groomsitz.

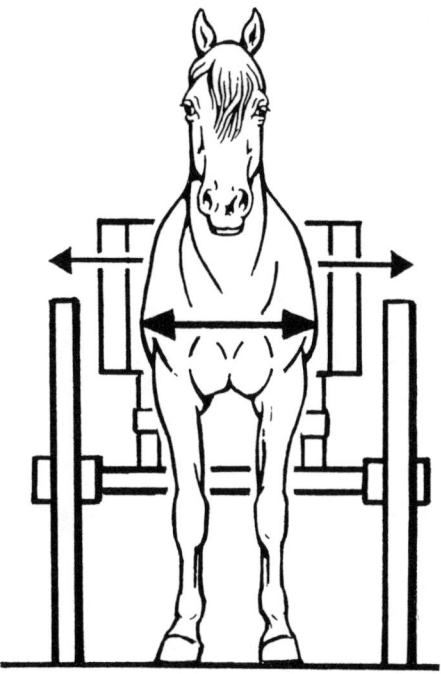

Eine alte Wagnerfaustregel besagt: Baue den Wagen so breit wie die doppelte Breite der Pferdebrust!

des Fahrzeugs ist besonders in unebenem Gelände erforderlich. Dabei darf die Deichsel nicht alle Unebenheiten des Bodens mitmachen, sondern muß sich leicht in der Senkrechten auf- und abbewegen.

Im übrigen: Dreh- oder Lenkkranz ständig und ordentlich abschmieren! Je leichter sie sich drehen beziehungsweise bewegen lassen, um so leichter ist die Arbeit für das Gespann!

Konstruktion, Ausstattung und Materialien

Das Holz

Viele, vor allem alte Wagen wurden früher zum großen Teil aus Holz gebaut. An dieses Holz wurde und wird auch heute

Die Lenkbarkeit des Wagens ist abhängig von der Verbindung zwischen Vorder- und Hinterwagen. Diese Verbindung soll möglichst weit vorn liegen. Damit in einem Arbeitsgespann das Einschlagen möglichst gut verlaufen kann, sind schmalere Böden bei höheren Rädern oder Unterlaufen bei niedrigeren Rädern das Richtige. Eine hohe Beweglichkeit

Kotflügel ① sowie sinnvoll angebrachte Auftritte ② erhöhen die Sicherheit und lassen sich an den meisten gebräuchlichen Kutschen nachrüsten.

noch der Anspruch gestellt, trag- und biegefähig zu sein. Am hervorragendsten erfüllt dies Eschenholz. Daraus werden auch heute noch Felgen, Speichen, Deichsel und Scherbaum als tragende Funktionsteile gefertigt, zumindest wenn sich der Fabrikant auf Tradition beruft.

Verweilen wir ein wenig bei den Felgen. Wenn man heute übliche Holzfelgen anschaut, stellt man fest, daß diese meist aus vier, fünf oder sechs Bogenstücken zu einem Rad zusammengesetzt sind. Ein Blick in die Geschichte zeigt, daß es auch anders ging.

Ein Tüftler aus Schwaben machte in den 80er Jahren eine geniale (Wieder-) Erfindung: Er baute eine Art metallisches Kanonenrohr, welches an den Enden fest zu verschließen ist und einen Druck von etwa 3 bar aushält. Dieses Rohr wird mit bereits vorgeschnittenen Eschenhölzern von 2,5 m bis 3,0 m Länge für jeweils zwei Felgen »gefüttert«, fest verschlossen

Wagenrad

und mit heißem Wasserdampf von 130 bis 140° C etwa eine Stunde befeuert und auf diese Art und Weise weichgekocht. In diesem Zustand wird es mit Hilfe einer Eisenspezialbiegevorrichtung und mehreren kräftigen Männern zu einem durchgehenden Feigenkranz gebogen.

Das glauben Sie nicht? Ein Beweisstück steht im Rheinischen Landesmuseum in Bonn, ein keltischer Bestattungswagen, dessen Felgen am ursprünglichen Wagen so vorgefunden wurden und der in dieser Weise nachgebaut wurde.

Achsen und Federn

Kernstück jeder Kutsche sind die Achsen. Hier wirken die meisten Kräfte, die unter Stöhnen und Ächzen von ihnen aufgenommen werden müssen, ohne daß sie brechen. Früher waren die meisten Kutschen mit Holzachsen ausgestattet, heute verwendet man dafür Stahl. Es nutzt nichts, möglichst dicke Stahlachsen zu verarbeiten; viel wichtiger ist die Stahlqualität.

Stahl wird um so hochwertiger, je feiner die Körnung ist, die durch Zusammenordnung der Kristalle beim Walzvorgang in Walzrichtung zustande kommt. Durch diesen technischen Vorgang erhält er eine höhere Festigkeit und ist demnach höher belastbar. Die Feinheit der Körnung ist abhängig vom Reinheitsgrad des verwendeten Stahls: Je feiner der Stahl ist, desto weniger weist er Verunreinigungen und sogenannte Einschlüsse auf. Unreiner Stahl ist härter und hätte den Nachteil, daß er schneller brechen würde. Die Verwendung von hochwertigem Stahl verbessert die dynamische Schwingungsbelastung deutlich.

Und ein weiteres kommt hinzu: Bei

Die gebräuchlichsten Federungsarten

Die C-Federung wurde vornehmlich im 18. Jahrhundert benutzt. Der Wagenkasten wurde an vier starken Lederriemen in dieses Federsystem eingehängt. Nachteil: Die stärksten Erschütterungen wurden zwar von den Fahrgästen ferngehalten, andererseits ließ es aber starke Schaukel- und Schlingerbewegungen zu.

Die Parallelogrammfederung ist eine Weiterentwicklung, bot aber immer noch keinen allzu befriedigenden Federungskomfort. Diesen brachte erst die Entwicklung der Halb- und Doppelelliptikfeder durch den Engländer O. Elliot im Jahre 1805. Dadurch wurden die Wagen kürzer und damit wendiger, außerdem verbilligte sich ihre Herstellung.

Besonders starke Elliptik-Federpakete werden für schwierige Straßen- und Geländeverhältnisse eingebaut, da sie auch bei extremer Beanspruchung ein Durchschlagen verhindern.

650 bis 750°C wird der Stahl nach dem Walzen feinbearbeitet, um das feinere Kristallgefüge zu erhalten und bei 900 bis 1000°C in seine grobe Form ausgeschmiedet. Beides zusammen bewirkt, daß die Achsen auch im unwegsamsten Gelände und noch so hoher Geschwindigkeit und Beanspruchung standhalten.

Bei der Herstellung der Federn – hier haben die sogenannten Parabelfedern deutlich die Nase vorn – gilt ähnliches: Der Federstahl muß vollständig ausgeschmiedet werden und verläuft an den Enden in manchmal merkwürdigen Spitzen immer flacher werdend aus, eben der Form einer Parabel ähnlich. So gefedert, glaubt man als Fahrer wie als Beifahrer, fast auf einem Sofa zu sitzen!

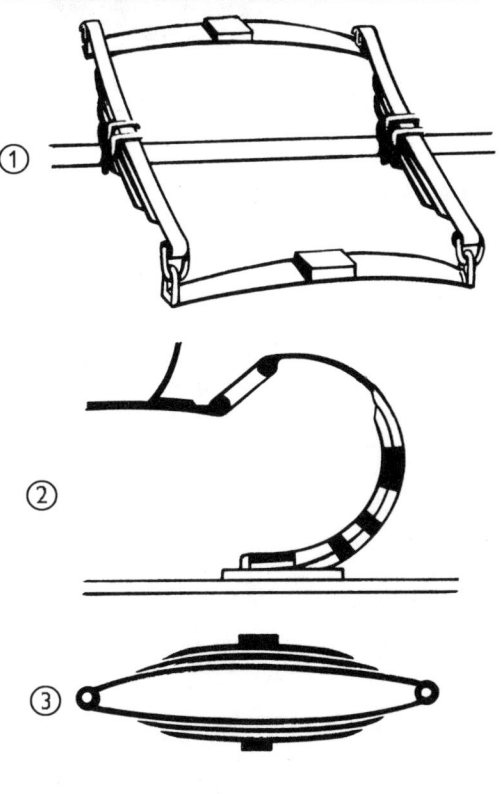

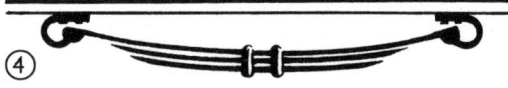

Verschiedene Kutschenfedertypen:
① Parallelogrammfedern
② C-Feder
③ Doppel-Elliptik-Blattfedern
④ Halb-Elliptik-Blattfedern

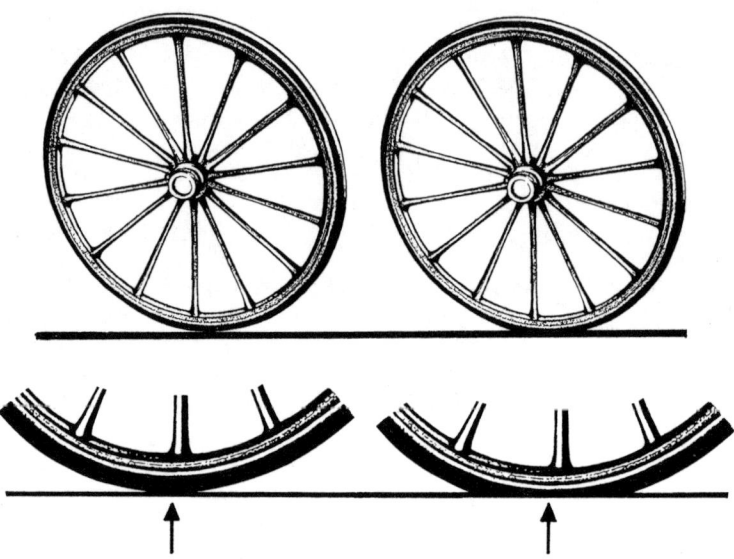

Walkendes Radgummi sorgt für weniger »Rundlauf«.

Ein Wort zu den Radbelägen

Gummibereifte Räder haben den Vorteil, daß sie vor allem auf Asphalt nicht solch unüberhörbare Geräusche wie Eisenräder verursachen. Wichtig bei der Verwendung von Gummibelägen ist aber, daß Sie darauf achten, daß dieses Gummi mit Nylon versehen ist.

Nylon gibt dem Laufgummi eine erheblich bessere Stabilität, Haltbarkeit (bis zum 10fachen) und dadurch eine nahezu optimale Laufeigenschaft des Rades. Warum?

Reines Gummi walkt, das heißt, es arbeitet und wird durch das auf ihm lastende Gewicht jeweils an dem Gummiabschnitt, der den Boden berührt, leicht deformiert. Das führt zu einer, wenn auch geringfügigen, Zugmehrbelastung für das Pferd, weil das Rad eben nicht ganz exakt »rund« läuft. Fragen Sie in jedem Fall den Hersteller oder Kutschenlieferanten nach einem solchen Nylongummibelag.

Im Marathonwagenbau gibt es Hersteller, die darauf schwören, die Hinterräder in einem kleineren Durchmesser zu bauen als die Vorderräder. Je niedriger die Nabe ist, desto niedriger ist der Schwerpunkt der Kutsche. Die Gefahr, daß der Wagen aus dem Gleichgewicht gerät und umkippt, wird dadurch vermindert.

»Ja, aber dann rollt doch die Kutsche nicht mehr so gut, wenn die Räder kleiner werden«, sagen Sie jetzt vielleicht. Im Prinzip ist das richtig. Allerdings spurt sozusagen das Vorderrad gleich für das Hinterrad mit, so daß das kleinere Rad in einer vorgeformten Spur laufen kann und somit die schlechtere Laufeigenschaft neutralisiert wird.

Wagengewicht

Gerade in Deutschland wird oft über das Wagengewicht sehr viel diskutiert und versucht, es zu optimieren. Viele Fachleute führen dagegen Beispiele aus früheren Zeiten an, in denen ein Pferd oft Plateauwagen (flache Lieferwagen) mit einem Gesamtgewicht von bis zu 3 t ziehen mußte, zum Beispiel, wenn er mit Mehl beladen war.

Wenn der Wagen hervorragende Leichtlaufeigenschaften besitzt, ist es auch einem Menschen möglich, diesen mit einer Hand zu ziehen. Um Schäden vorzubeugen und die Pferde zu schützen, gilt heute als Regel, daß ein Pferd nur maximal das 1,5fache seines Körpergewichtes ziehen darf. Zu Recht.

Beleuchtung

Sie werden es kaum glauben, aber die früheste Wagenbeleuchtung war die Öllampe! Allerdings erlosch sie bei stärkerem Windzug ständig, wogegen auch nicht viel half, daß man besser brennende Öle benutzte.

So war man über die Erfindung der Sturmlaterne froh, die einen enormen Fortschritt bedeutete. In ihr war die Flamme auch gegen stärkste Winde geschützt, das Gehäuse war meist robust, rostsicher und gegen Beschädigungen geschützt. Ein weiterer Vorteil dieser Lampenart lag darin, daß sie – wie übrigens auch heute noch – als Handlampe zu benutzen war.

Gleiches gilt für die dann eingeführten Acetylen- oder Karbidlampen. Acetylen ist ein farbloses Gas, das mit einer sehr hellen Flamme (etwa 15mal stärker als Leuchtgas) verbrennt, aber leider durch seinen stechend-widerlichen Geruch nur im Freien Verwendung finden konnte.

Stilvoller sind die Kerzenlaternen, die an bestimmten Wagen auch sehr kunstvolle Ausführungen besaßen. Bei dieser Lampenart befindet sich eine langgezogene Stearin- oder Paraffinkerze in der zylindrischen Hülse. Eine Spiralfeder drückt die Kerze ständig nach oben und gleicht so den Abbrand aus. Damit steht die Flamme immer gleichmäßig im Mittelpunkt des Laternenhauses, oft auch vor einem Spiegel, der die bescheidene Leuchtkraft verstärkt.

Wie erkennt man nun bei den heutigen Nachbauten eine originale Lampe?

Schon beim Anfassen und Anheben einer Lampe sollte das relativ leichte Gewicht im Gegensatz zu den alten Lampen auffallen. Allerdings, um es gleich vorweg zu sagen, neue Lampen, die alten Vorbildern nachgebaut wurden, sind genauso schwer wie die alten, wenn sie im

---

Kerzen und Gespannkontrolle

Mit Blick auf die Gespannkontrolle sollte der Kutscher immer darauf achten, daß auch neue Kerzen immer einen abgebrannten Docht zeigen, ansonsten muß er mit Punktabzügen rechnen!

Außerdem sollte man nur die – allerdings teureren – echten Stearinkerzen für Kutschenlampen kaufen. Diese verbrennen rückstandsfrei, tropfen nicht und verschmutzen somit nicht den Innenbereich der Lampe.

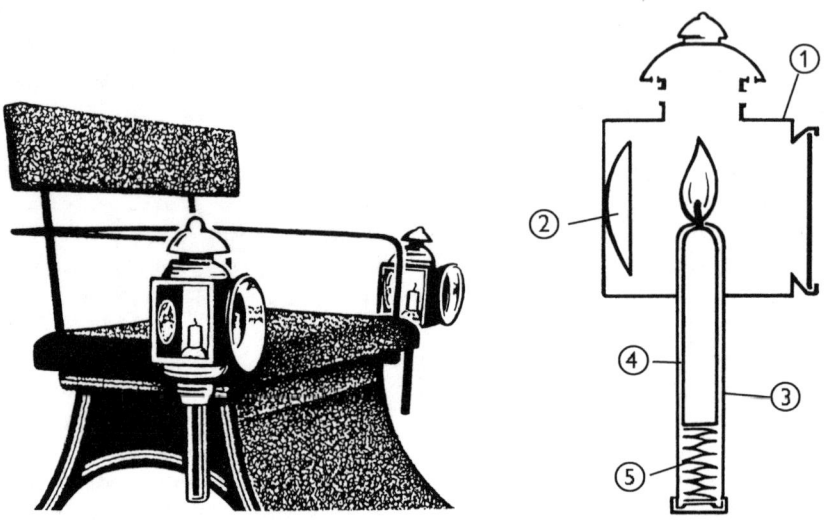

Kutschenbeleuchtung, hier an einem Dressur-
wagen
Lampenaufbau:
① Lampengehäuse   ④ Kerze
② Reflexionsspiegel   ⑤ Spiralfeder
③ Kerzenhalterung

gleichen Qualitätsstandard hergestellt
wurden.

Der Innenbereich der einfach nachgemachten Lampen besteht immer aus einem Chromüberzug, der einen leicht
blauen Glanz hervorruft, während eine
Silberschicht, die traditionell verwendet
wurde, immer schwarz anläuft. Oft sieht
man sogar das rötliche Messing kupfer-
farben durchschimmern, da das Silber
wegen des Glanzes immer wieder geputzt
wurde und mit der Zeit abnutzte.

In einen qualitätvollen Nachbau –
selbstverständlich in alten Lampen sozusagen Serie – werden immer geschliffene
Gläser eingebaut, im exakt gleichen Maß
wie früher. Außerdem war, wie bereits ge-
sagt, in alten Kutschenlampen im Griff

eine Feder untergebracht, die die vorhandene Kerze nach oben drückte. Einen
Hinweis auf ein noch älteres Baujahr solcher Lampen erhält man, wenn diese Feder zur Schonung des Materials mit einem Tuch gepolstert wurde.

Ein weiteres Qualitätsmerkmal stellen
die Lötnähte dar. Meist zeigen sich an
diesen Stellen eventuelle Mängel eines
Nachbaus erst im Einsatz an der Kutsche:
Gute Nähte halten die verschiedenen
Kutschenbewegungen immer ohne Schäden aus, während schlechte Lötnähte
nach wenigen Einsätzen auseinanderbrechen.

Grundsätzlich bleibt festzuhalten:
Eine gute Kutschenlampe sollte immer
bei seriösen Herstellern gekauft werden.
Eine alte Lampe erweist sich durchweg
als geldwertstabil, ebenso wie eine gute
neue Lampe. Letztlich lohnt sich die zunächst teurere Geldausgabe, denn eine
billige neue Lampe ist ihr Geld leider nie
wert.

Grundausstattung

Immer wieder fallen im Straßenverkehr Mofa- und Radfahrer auf, die ohne jegliche Beleuchtung durch die Lande fahren. Das gleiche gilt leider auch für Kutschenfahrer. Darauf angesprochen heißt es oft: »Wieso, die Pferde kennen doch den Heimweg, da passiert schon nichts!« Oder: »Ich fahre nie über eine öffentliche Straße!« Oder: »Ich weiß, daß ich so rechtzeitig nach Hause komme, daß es eben noch nicht dunkel ist!« Und ähnliche Antworten mehr.

Aber auch die besten Vorsätze können durch Unvorhergesehenes zu Fall gebracht werden: Baustellen und Straßensperren zwingen Sie vielleicht dazu, auf eine öffentliche Straße auszuweichen, um nach Hause in den Stall zu kommen. Oder durch einen unerwarteten Zwischenfall verspätet sich der Gespannführer, und es wird doch dunkel während der Fahrt.

Deshalb: Nie ohne ausreichende Beleuchtung beziehungsweise ohne Hilfsmittel mit der Kutsche fahren!

Auch der Gesetzgeber hat die möglichen Gefahren einer mangelhaften Beleuchtung erkannt und Vorsorge getroffen. Nach der Straßenverkehrszulassungsordnung (StVZO) sind an Beleuchtungseinrichtungen vorgeschrieben: ein Paar weiße, nach vorn wirkende Leuchten, symmetrisch, blendfrei und möglichst gleich stark leuchtend, am Wagen angebracht maximal 1,5 m über Grund und maximal 40 cm vom breitesten Fahrzeugumriß entfernt; ein Paar rote, entsprechend funktionsgleiche nach hinten wirkende Leuchten, gleichfalls 1,5 m über Grund und maximal 40 cm vom breitesten Fahrzeugumriß entfernt; zwei rote Rückstrahler, die bauartgenehmigt sind, gut sichtbar, paarweise, gleichartig und symmetrisch fest angebracht sind. Sie müssen maximal 90 cm über dem Boden und maximal 40 cm vom breitesten Fahrzeugumriß entfernt sein; an jeder Fahrzeuglängsseite ein gelber Rückstrahler, maximal 60 cm über Grund.

Empfehlenswert ist es, unter der Deichsel einen nach vorn gerichteten weißen Rückstrahler anzubringen (nicht

Beleuchtungsvorschriften

Nach vorn müssen ein Paar Leuchten mit weißem Licht, nach hinten ein Paar mit rotem Licht in nicht mehr als 1,5 m Höhe über der Fahrbahn vorhanden sein. Die Art der Lichtquelle ist nicht vorgeschrieben, sie muß jedoch ausreichend betriebssicher, vor allem windsicher, sein. Weiter sind zwei Rückstrahler, deren unterer Rand nicht mehr als 0,9 m über der Fahrbahn liegt, vorgeschrieben. Diese Einrichtungen müssen möglichst weit links und nicht mehr als 0,4 m von der breitesten Stelle des Fahrzeugumrisses entfernt sein.

Paarweise angebrachte Einrichtungen müssen in ihrer Wirkung gleich stark und in gleicher Höhe sowie nicht mehr als 0,4 m vom Fahrzeugumriß angebracht sein. An den Längsseiten wird je ein gelber Rückstrahler verlangt, nicht höher als 0,6 m über dem Boden. Die Leuchten dürfen nicht blenden und ebenso wie die Rückstrahler weder verdeckt noch verschmutzt sein.

obligatorisch!). Eine zusätzliche Beleuchtung, wie in § 51 b StVZO vorgesehen, ist zulässig, auch bei geringerer Fahrzeugbreite als 1,80 m.

Zur modernen Beleuchtungsausstattung stehen Ihnen mehrere Möglichkeiten offen.

Komplette Außenbeleuchtung

Sehr aufwendig und mit Kosten von ca. 2000,– DM bis 2500,– DM nicht gerade preisgünstig, aber sehr effektiv ist eine komplette Beleuchtungseinrichtung, die fest an der Kutsche montiert wird: vorn zwei weiße Halogenstrahler, hinten zwei rote Rückleuchten, die über eine 12-V-Batterie, mit einem entsprechenden Stromnetz-Adapter zum gelegentlichen Nachladen, gespeist werden und in jedem Fall fest an der Kutsche montiert sein sollten. Diese Einrichtung entspricht dem Abblendlicht eines jeden Kfz. Wer seine traditionellen Kutschenlampen mit benutzen möchte, dem sei der Einbau zweier E-Lampen (statt der Wachskerzen) in diese Lampen empfohlen.

Einfachere Leuchtkörper

Wer nicht bereit ist, so viel Geld für seine Sicherheit auszugeben, der sollte auf Leuchtkörper zurückgreifen, die selbst Akkus oder Batterien in sich tragen, leicht abnehmbar und vor allem universell verwendbar sind. Vorteil: Der Gespannführer hat an den Stellen Licht, an denen er es benötigt. Diese Leuchtmittel werden mit den entsprechenden speziellen Halterungen geliefert und sind im Notfall auch als Handlampen zu benutzen. Eine solche Lampe kostet ca. 60,– DM bis 80,– DM; dazu gehört ein Ladegerät für ca. 30,– DM, da diese Lampen einen separaten Anschluß haben.

Des weiteren bietet der Markt sogenannte Fest- oder Blinklichter in Rot und/oder Weiß zum Klemmen an. Aber Sie können diese Lampen auch mit einem großzügig bemessenen Klettband am Sellette oder am Kopfstück befestigen. Ein Stück kostet ca. 30,– DM. Bei Auswahl dieser Leuchtmittel würde die Kutsche mit zwei weißen Lichtern vorn und zwei roten Leuchten hinten ausreichend bestückt sein.

Leuchtkelle

Wenn Ihre Kutsche nicht über Blinker verfügt, brauchen Sie Leuchtkellen, um bei Dunkelheit dem nachfolgenden und entgegenkommenden Verkehr einen geplanten Fahrbahnwechsel anzuzeigen. Diese Kellen ähneln Polizeikellen, was vielleicht dazu beiträgt, daß die Verkehrsteilnehmer ernsthaft Respekt vor ihnen haben. Die Kelle bietet der Markt als einseitig leuchtend an (DM ca. 150,–) und als zweiseitig

Links: einfache Kelle, rechts: Leuchtkelle

Korrekt angebrachte Kutschenbeleuchtung

leuchtend (DM ca. 185,–). Die Energieversorgung wird von mehreren Akkus oder Batterien, die im Griff untergebracht werden, übernommen. Die Kelle kann mit einer zusätzlichen Halterung, welche mit etwas Geschick und Phantasie an der Kutsche fest verschraubt wird, gleichzeitig als Lampe dienen.

Aber Vorsicht: Die beleuchtete Kelle gehört nicht in Kinderhand! Hier gilt der Hinweis auf den Beipackzetteln aller Medikamente: Für Kinder unzugänglich aufbewahren! Unvorstellbar, welcher Unfug damit getrieben werden könnte!

Reflektierende Kleidungsstücke und Materialien

Wer sich mit den bislang vorgestellten Leuchtmitteln nicht anfreunden kann, der sollte neben den vorgeschriebenen Beleuchtungskörpern zumindest auf reflektierende Leuchtstreifen zurückgreifen, wie diese zum Beispiel für Fahrradfahrer im Handel erhältlich sind.

Dort gibt es auch elastische Leuchtstreifenbänder (als Brustkoppel einzusetzen) oder gelblich reflektierende Brustkoppelbänder zu kaufen (ganz ausgezeichnet zu sehen!). Die Leuchtstreifenbänder können auch zusätzlich an den Pferdebeinen angebracht werden, wodurch man das Gespann früher und besser sehen kann.

Im Reitsportzubehör und im Bauhandel sind außerdem rote Warnwesten mit Reflexionsstreifen oder entsprechenden Pferdesignets zu bekommen, die eigentlich in jede Kutsche gehören. Es kann immer vorkommen, daß der Fahrer einer Kutsche gezwungen ist, anzuhalten. Diese Sicherheitsvorkehrungen gelten selbstverständlich auch für alle eventuellen Beifahrer.

Ganz Vorsichtige können auch überlegen, einen weißen Sicherheitshelm mit Lampe und Strahler, wie er im Bergbau verwendet wird, einzusetzen. Schließlich geht es um Sicherheit, um das Gesehenwerden, und nicht in erster Linie um Schönheit, vor allem dann, wenn man gezwungen ist, plötzlich anzuhalten und dann an den Pferden oder der Kutsche »hantieren« muß.

Abschließend sei nur der Vollständigkeit halber darauf hingewiesen, daß Kerzen in den vorhandenen Kutschenlampen auf jeden Fall angezündet werden sollten.

Übrigens: Es handelt sich ausnahmslos um sehr sinnvolle Geburtstags- oder Weihnachtsgeschenke. Die meisten der hier angesprochenen Artikel können Sie außer über den einschlägigen, gut sortierten Kutschenhandel auch im Fahrrad- oder Bauhandel beziehen.

Bremsen

Bremsen sind Vorrichtungen, die es ermöglichen, ein in Bewegung befindliches Fahrzeug zu verlangsamen oder zum Stillstand zu bringen. Bremsen verringern oder vernichten, um es physikalisch auszudrücken, die kinetische, also die Bewegungsenergie. Da diese Energie von der Masse und Geschwindigkeit des Wagens abhängig ist, müssen Wagen grundsätzlich über Verzögerungseinrichtungen verfügen, die die entsprechenden Rei-

Rechts oben:
Auch im Turniersport läßt sich »schön« fahren: Zweispännerfahrer Ludger Heeke bei der Anfahrt auf Hindernis 2 beim Kegelfahren.
Unten: Sonntägliche Ausfahrt mit einem Friesengespann.

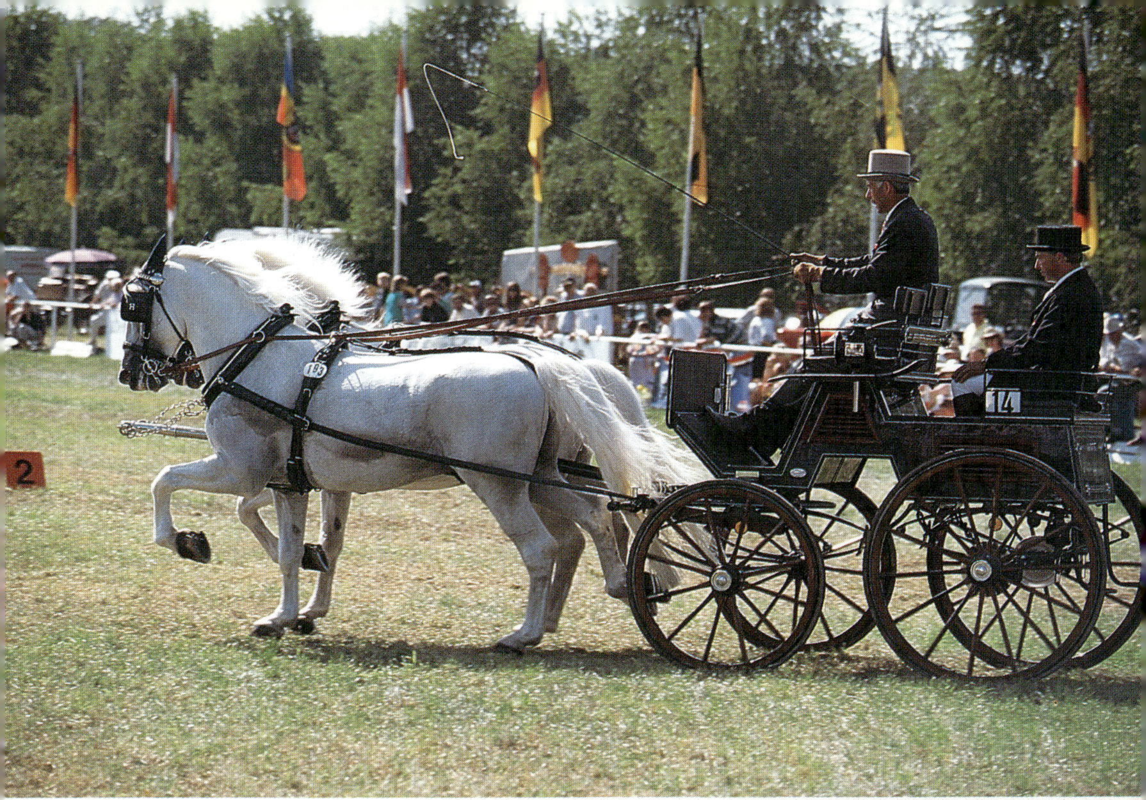
2
14

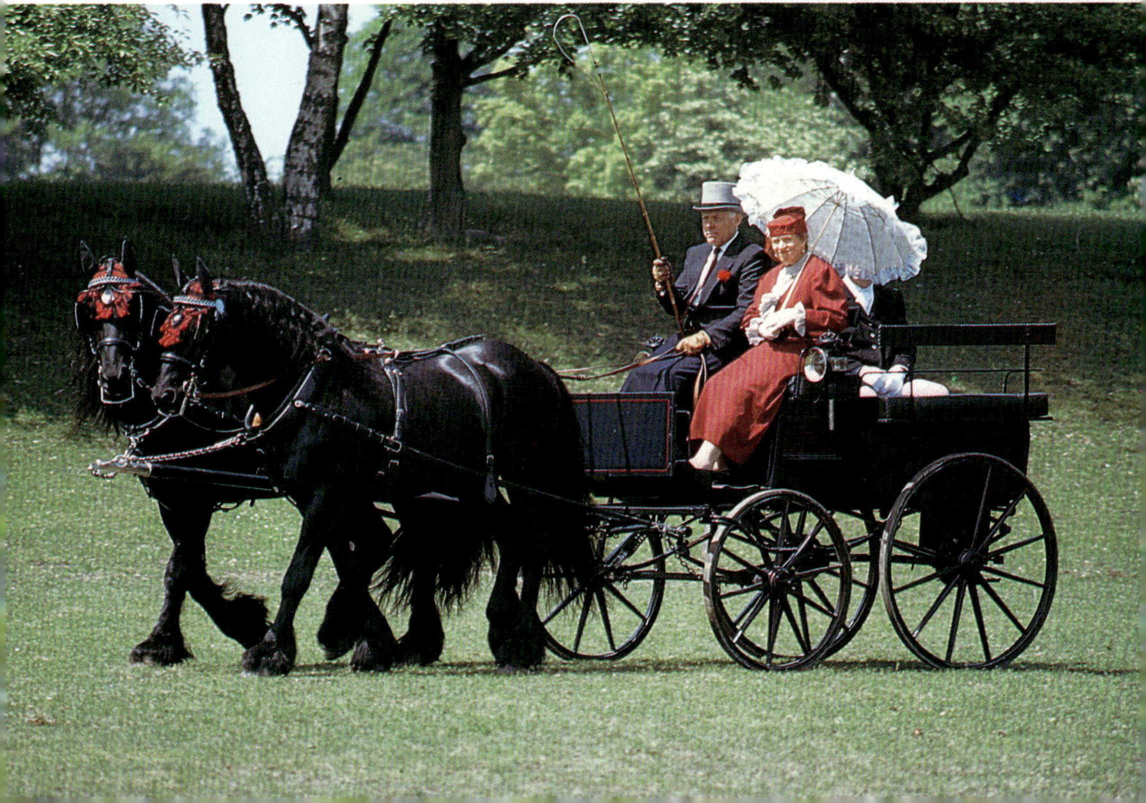

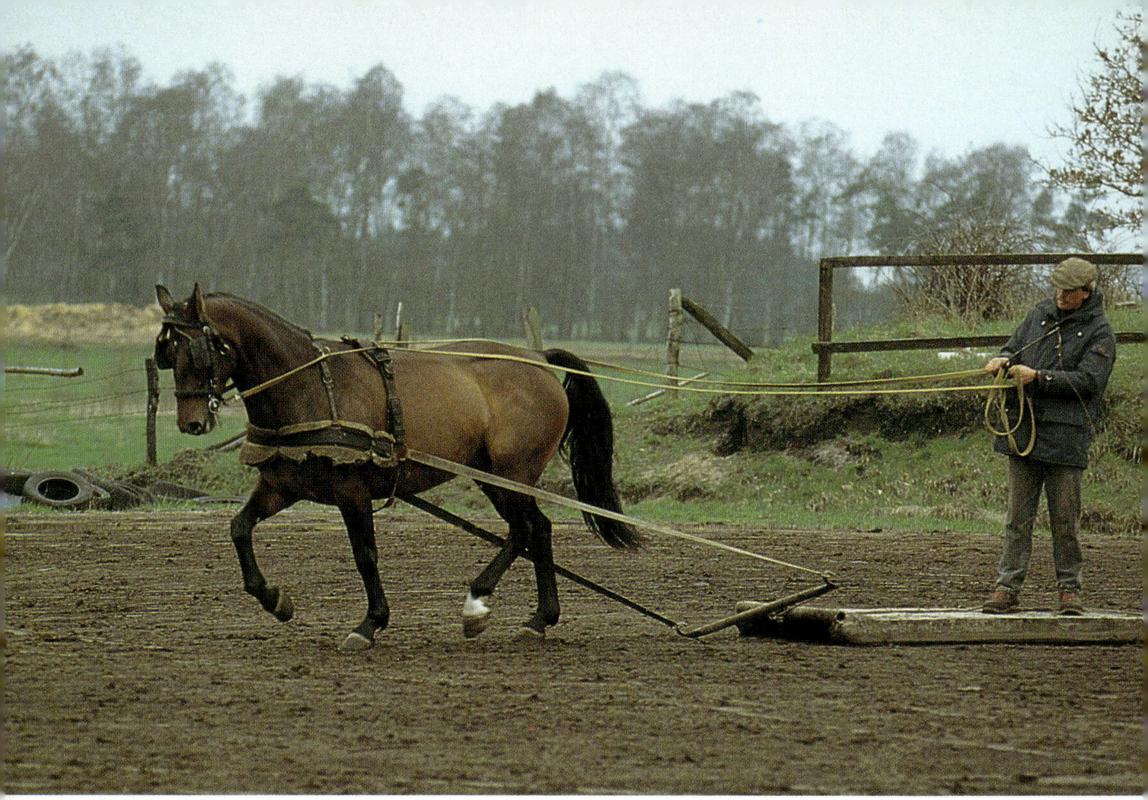

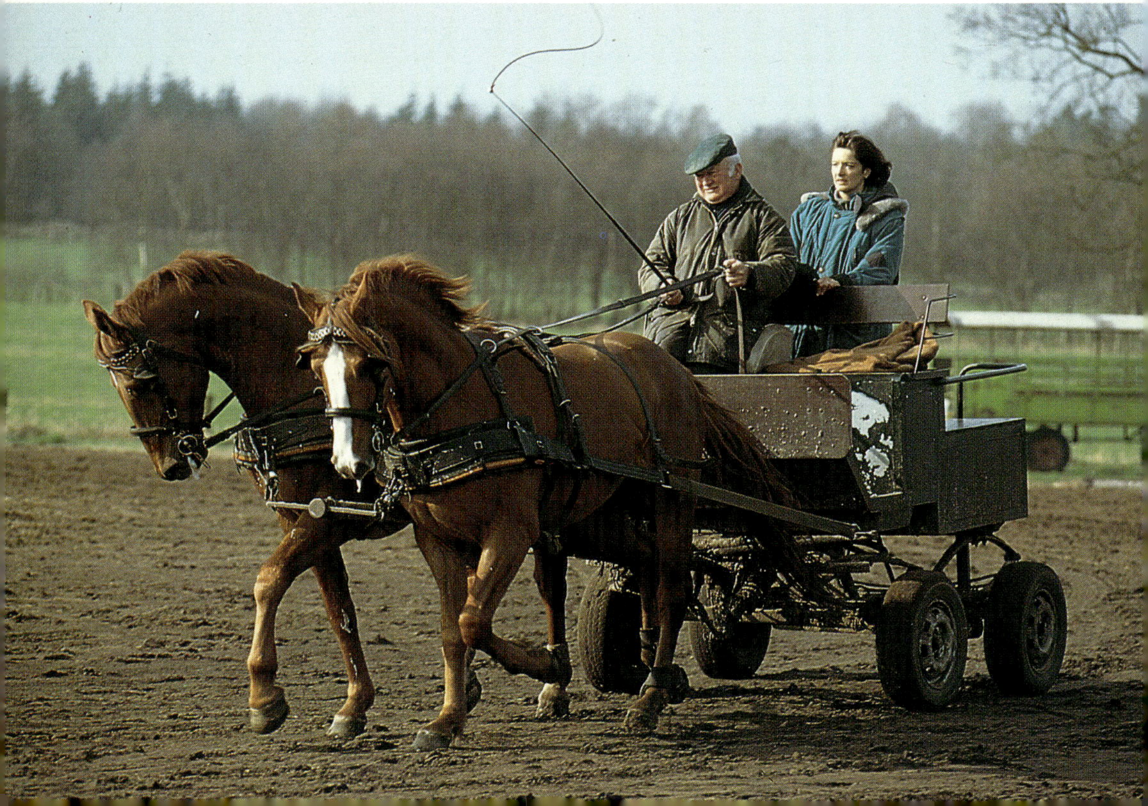

Wenn die Bremsen quietschen

Bei modernen Kutschen kommt es immer wieder vor, daß ihre Scheibenbremsen quietschen. Seit der Asbestverordnung für Bremsbeläge dürfen diese nur noch asbestfrei angeboten werden. Asbest verhinderte in früheren Zeiten dieses teilweise auffällige Quietschen, da es den Belag weicher machte und schmierte. Die asbestfreien Beläge sind etwas härter als ihre Vorgänger und geraten dadurch in kurze Schwingungen, die sich für unser Ohr wie ein Quietschen anhören.

Als Abhilfe dazu gibt es zwei Möglichkeiten: Sie können entweder die glatten, ungelochten Scheibenbremsen nachträglich lochen lassen und/oder mit dem Sprühmittel »Quietsch-EX« kurz zwischen Bremssattel und Belag sprühen!
Wer die Wahl zwischen beiden Arten von Bremsscheiben hat, sollte sich in jedem Fall für die gelochte Scheibe entscheiden, die auch im Motorradbau schon sehr häufig Verwendung findet.

bungswiderstände erzeugen können. Solche Einrichtungen an Wagen sind erst seit dem 17. Jahrhundert bekannt.

Zu den ersten Bremsen gehörten sogenannte Schleifhölzer. Diese bestanden aus zähem Holz, wurden an beiden Wagenseiten befestigt und verlangsamten auf steilen Straßenstücken wirkungsvoll die Geschwindigkeit. Außerdem wurden diese Hölzer bei Radbrüchen als Radersatz verwendet. Auf sehr steilen Gefällstrecken wurden starke Äste zwischen die Speichen der Hinterräder gesteckt und das Fahrzeug derart gebremst.

Links oben:
Ein »Lehrling« zum ersten Mal an der Schleppe. Der »Fahrlehrer« achtet auf die ungebrochene Zuglinie.
Unten: Der »Meister« und der »Lehrjunge«. Noch etwas schüchtern dreht das auf der richtigen Seite angespannte Jungfahrpferd (immer auf der vom Straßenverkehr abgewandten Seite!) den Kopf ein wenig nach außen, während der »alte«, erfahrene »Lehrherr« ihm zeigt, wie es gemacht wird.

Vor etwa 200 Jahren wurde dann die sogenannte Klotzbremse entwickelt, die mittels einer Handspindel auf die beiden Hinterräder wirkte. Zur Sicherheit sollte sich auch heute noch eine solche Feststellbremse an jeder Kutsche befinden, zusätzlich zu den sonstigen Bremseinrichtungen.

Außerdem gab es dann noch die »Faulenzer«. Nein, das ist kein »fauler Hund«, sondern: Mit Hilfe einer Holzstange, welche an einem Ende mit einem eisernen Ring versehen war, konnte der Kutscher von seinem Bock aus – eben ohne beschwerliches Absteigen, daher der Name! – die Kurbel der Bremsspindel drehen. Behelfsmäßige »Faulenzer« wurden aus starkem Draht oder geeigneten Astgabeln hergestellt.

Auf langen Steigungen oder Gefällstrecken mußten die Zugtiere häufiger Pausen einlegen. Um das Weiterrollen – entweder vorwärts oder rückwärts – zu verhindern, mußte der Kutscher oder der Beifahrer Steine oder Holzkeile unterschieben. Bei schweren Wagen sind heute noch solche Holzkeile (früher auch Rad-

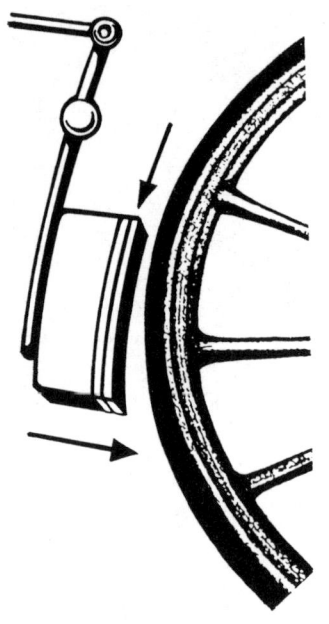

Klotzbremse mit Lederauflage zur Schonung des Bremsklotzes

sollte immer mit Scheibenbremsen versehen sein, da diese leichter und schneller zu pflegen sind und auch starker Beanspruchung standhalten. Trommelbremsen gelten als weniger anfällig, sind auch nicht so starker Verschmutzung ausgesetzt (da die eigentlichen Bremsen in einer Trommel untergebracht sind) und sollten in Wagen eingebaut sein, die »nur« zu Freizeitzwecken ab und zu benutzt werden.

In jedem Fall aber gilt: Der technische Laie sollte immer eine Fachwerkstatt aufsuchen und die Bremsanlage dort wenigstens einmal jährlich checken lassen!

Wagenpflege

schuhe) vorgeschrieben. Diese wurden an Ketten angehängt und hinter dem Wagen hergezogen, so daß nach kurzem Zurückrollen die Hinterräder durch diesen Keil »automatisch« blockiert wurden.

Trommel- und Scheibenbremse
Es entspricht heutigem Standard, Trommelbremsen oder Scheibenbremsen einzusetzen, wie sie im Automobil- oder Motorradbau üblich sind. Ein ständig im Einsatz befindlicher Marathonwagen

Utensilien

Als »Werkzeuge« benötigen Sie: einen guten Schwamm, Lederlappen, eine Speichenbürste, eine Wagenbürste, einen Ausklopfer für die Polster, eine Kleiderbürste und Pinsel.

Achten Sie beim Schwamm darauf, einen möglichst schon älteren, häufiger benutzten zu verwenden. Denn dann kann man relativ sicher sein, daß keine Muscheln beziehungsweise Muschelreste

Schonung der Bremsklötze
Um die Bremsklötze – meist aus Buchenholz – vor zu starker Abnutzung zu schützen, sollten Sie ein zwei- bis dreifach gefaltetes Rindslederstück auf dem Klotz befestigen: Das Lederstück schleift dann auf dem Gummi- beziehungsweise Eisenreifen und schont so die Bremsklötze.

Abschwammen

Beim Abschwammen sollten Sie sozusagen Stück für Stück vorgehen und nicht gleich den gesamten Wagen hintereinander abschwammen. Dies gilt vor allem dann, wenn es sich um ein kostbares Stück handelt. Die Kutsche würde an den meisten Stellen sofort wieder trocknen und fleckig, bis Sie an der letzten Stelle angekommen sind. Besonders Ecken und Schnitzereien neigen dazu, schnell leicht grau zu werden.

Besser: Abschnitt für Abschnitt abschwammen und gleich abledern!

oder sonstigen harten Teile darin enthalten sind. Diese würden nur unschöne Schrammen und Kratzer verursachen. Vorbeugemaßnahme: Den Schwamm vor Gebrauch gut ausklopfen und gründlich von Sand und Steinchen reinigen!

Das Leder darf nicht zu dick und nicht zu dünn sein. »Alte Hasen« empfehlen ein gutes Schafsleder. Rehleder sollte wegen seiner Dicke nicht unbedingt benutzt werden. Es kann auch sogenanntes Chamoisleder sein.

Die Speichenbürste, welche den gesamten Schmutz zwischen Nabe und Speichen wegnehmen soll, darf höchstens zwei Borstenreihen haben und muß ganz schmal sein, damit der Lack nicht angestoßen und beschädigt wird.

Die Wagenbürste, mit der Sie die übrigen Teile säubern, sollte nicht aus Borsten, sondern nach Meinung einiger Fachleute am besten aus Roßhaar gefertigt sein.

Wasser

Im vergangenen Jahrhundert empfahlen eingefleischte Kutscher Regen- oder Flußwasser. Brunnenwasser war verpönt wegen seiner Härte.

Heute empfiehlt man eher, lediglich Wasser mit dem Härtegrad 0 oder 1 zu benutzen. Das Leitungswasser sollte vorher auf seinen Härtegrad getestet werden. Oder fragen Sie Ihr örtliches Wasserwerk danach. Auch heute ist Regenwasser immer noch das »weichste« Wasser. Da im Lack zu große Spannungen entstehen und das Außenleder Schaden nähme, sollten Sie niemals warmes Wasser verwenden!

Wenn Sie ein Lederverdeck abwaschen (zum Beispiel bei Landauer, Kalesche, Phaeton), geben Sie dem Wasser ein wenig Seife zu. Dies verleiht dem Leder einen ausgezeichneten Glanz. Dies gilt nicht für lackierte Flächen. Diese dürfen in keinem Fall mit Seifenwasser abgewaschen werden!

Aufbewahrung der Wagen

Die Remise sollte luftig und nur mäßig hell sein, da sonst die Farben zerstört werden. Feuchtigkeit, Sonnenschein und Staub sind die größten Feinde unserer geliebten Kutschenkleinode. Deshalb ist besonders darauf zu achten, daß der Wagen nicht an einer Ziegelsteinwand steht. Ziegelsteine speichern Feuchtigkeit und sind verheerend für Kutschen. Daß sich keine Mistgruben und Toiletten in unmittelbarer Nähe der Remise befinden sollten, dürfte selbstverständlich sein. Ammoniakausdünstungen schaden nicht nur dem

Klimaverbesserung

Schaffen Sie sich einen Verdunstungs-
befeuchter und einen Thermohydro-
graphen an zur Bestimmung von
Temperatur und relativer Luftfeuchtigkeit in Ihrer Remise. In Verbindung
mit zusätzlich installierten Entfeuch-
tern (hydrostatisch gesteuert wie die
Befeuchter) ermöglichen sie die Ein-
haltung gleichmäßiger Feuchtigkeits-
werte. Dies ist unabdingbare Voraus-
setzung dafür, daß eine restaurierte
Kutsche auch tatsächlich noch lange
»lebt«.

Zusätzlich sollten Sie Fensterlicht-
schutzfolien anbringen, um die natür-
liche Strahlungsenergie im UV- und
Infrarotbereich prozentual verringern
zu können.

Leder, sondern auch dem Lack, der durch
eine zu hohe Ammoniakkonzentration
reißt und aufplatzt.

Bleibt der Wagen einige Tage unbe-
nutzt, so sollten Sie ihn mit einer gut dek-
kenden baumwollenen Hülle gegen
Staub und andere Umwelteinflüsse
schützen, aber nicht so, daß nun überhaupt kein Licht mehr an den Wagen gelangen kann.

Eine Gefahr ganz anderer Art sind die
Motten, die sich gerade in Naturstoffen
sehr wohl fühlen. In unseren Kutschen
können wir sie aber am wenigsten ge-
brauchen. Was also tun, um die Polster im
Wageninnenraum zu schützen?

Mein Tip: Entweder gut aufgerauhte
Zedernholzstückchen ins Wageninnere
legen oder folgendes: Lösen Sie ein wenig
Kampfer in Terpentin auf, stellen Sie
dann eine mit dieser Tinktur gefüllte
Schale ins Wageninnere, und verschließen

Desinfektion

Zur Reinigung, vor allem aber zur
Desinfektion des Wageninnern gab
die *Zeitschrift für die gesamte Kohlen-
säureindustrie* im vergangenen Jahrhundert folgende bedenkenswerte
Empfehlung:

»Ein elastischer Metallschlauch, der in
ein Mundstück endigt, wird an eine
mit einem Hebel versehene kleine
Kohlensäureflasche von etwa drei Kg
Inhalt geschraubt. Man handhabt nun
diesen Apparat wie eine Spritze, ähnlich der Wirkung eines stark kompri-
mierenden Luftstrahles, und ist in der
Lage, allen Schmutz von Sitzen, Bän-
ken und Fußböden zu entfernen. Ja
selbst aus den kleinsten Ritzen und
Fugen, Ecken und Winkeln, wohin
man mit der Bürste nicht gut gelangen
kann. Und nicht nur reinigen kann
man auf diese Weise das Innere des
Wagens, sondern man desinfiziert zu-
gleich und vernichtet etwaige Anstek-
kungskeime. Abgesehen von der Zeit-
ersparnis konserviert man mittels dieser Ausspritzung die Bekleidung ge-
polsterter Sitze, die durch Bürsten
doch immer schneller abgenutzt werden.« (Friedrich Adolph Bickes, *Anleitung zur Kenntnis und richtigen Beurtheilung aller Arten von Equipagen*,
2. Aufl. Freiburg 1833, S. 210)

Sie den Wagen sorgfältig. Sie werden sehen, binnen weniger Tage sind Sie die Störenfriede endgültig los!

Es sollte eigentlich eine Selbstverständlichkeit sein, daß auch Kutschen und Wagen häufiger gewaschen werden, und zwar bevor der Schmutz eingetrocknet ist. Strittig ist, ob Wagen mit Hochdruckreinigern gesäubert werden sollten. Kritiker wenden ein, daß auf diese Weise Wasser in unzugängliche Ecken und Fugen eindringt, dort stehenbleibt und im Laufe der Zeit das Holz zum Faulen und das Metall zum Rosten bringt. Besser ist es, mit viel Wasser abzusprühen und zu spülen und den oberen Bereich mit einem anderen Schwamm als für den unteren Teil abzuwaschen, da sich hier doch Fett und Öl befinden können. Für das Abledern gilt gleiches. Der Wagen sollte wie ein Pkw nicht in der prallen Sonne gewaschen werden, da dies dem Lack schadet. Hat der Wagen ein Verdeck aus Leder oder Segeltuch, sollte man es bei Nässe oder Kälte nicht sofort zusammenklappen, sondern es vorher trocknen lassen.

Stoffpolster und Teppiche werden mit einer Bürste mit dem Strich gebürstet und von Zeit zu Zeit ausgeklopft. Der so gepflegte Wagen wird dann in einem luftigen, trockenen Raum abgestellt. Die Deichsel sollte in jedem Fall herausgenommen und aufgehängt werden.

Auch die Lederaufhalter sind gut zu pflegen: Ein schlechter Aufhalter ist genauso gefährlich wie eine schlechte Leine, er kann bei einem Riß oder Bruch Pferde und Passagiere in Lebensgefahr bringen!

Wichtig ist das Abschmieren der Räder und des Drehkranzes. Gerade der Drehkranz ist ständig Schmutz und Staub ausgesetzt und bedarf der sorgfältigen Pflege. Er sollte nach jedem Einsatz immer gesäubert und geölt werden. Welch eine Qual für Pferde und Fahrer, wenn der Drehkranz trocken und verschmutzt zum Einsatz kommt! Sie können ihn ölen oder auch mit Schmierseife bearbeiten; diese schadet dem Lack nicht.

Achsen und Räder können über eventuell vorhandene Schmiernippel abgeschmiert werden. Meist liefern die Kutschenhersteller Bedienungsanleitungen zum Abschmieren mit. Fühlt sich ein Kutschenbesitzer nicht in der Lage, das selbst vorzunehmen, kann er dies in einer autorisierten Fachwerkstatt erledigen lassen. Um Rost zwischen den einzelnen Metallblättern der Federn vorzubeugen, sollten Sie zwischen die Federlagen einige Tropfen Öl geben, die dann später während der Fahrt verlaufen und sich im gesamten Zwischenraum verteilen.

Fettpölsterchen
Es läßt sich nicht verhindern, daß durch das Abschmieren des Fahrgestells Fettreste an den Schmiernippeln zurückbleiben, die sich unter Umständen auch auf andere Fahrzeugteile verteilen. Außerdem können Fett- und Ölreste vom Boden ans Fahrzeug hochspritzen, so daß Sie immer damit rechnen müssen, gerade bei der Pflege des Chassis immer wieder auf Fettspuren zu stoßen.
Diese putzen Sie am besten mit Petroleum und einem weichen Baumwolllappen ab!

Farben und Lacke

Korrekterweise müßten wir eigentlich von Farbpigmenten sprechen. Farben oder Lacke werden immer mit einem Bindemittel, das die Farben beziehungsweise Lacke auf dem Holz oder Metall bindet, und einem bestimmten Pigment vermischt. Dieses Mischungsprodukt nennen wir gemeinhin Farbe.

Viele Farben wurden früher entweder aus Erde oder aus Mineralien hergestellt. Aber auch in der guten alten Zeit gab es nicht nur Farben rein aus Naturstoffen, also ökologische und »gesunde« Farben, sondern es wurde schon in vergangenen Jahrhunderten auch mit chemischen Substanzen experimentiert und geforscht. Dennoch läßt sich sicherlich die eine oder andere Farbe mit Stoffen, die die Natur für uns bereithält, herstellen.

Farblehre

Die Grundfarben sind Weiß, Schwarz, Gelb, Blau und Rot. Dabei ergeben Weiß und Schwarz Grau, Gelb und Blau Grün, Gelb und Rot ergeben Orange, Rot und Blau Violett, Schwarz und Rot Braun. Je höher dabei der dunkle Farbanteil ausfällt, desto dunkler wird auch die entstehende Mischfarbe, je niedriger, desto heller. Das Mineralreich liefert die meisten Farben mit der höchsten Deckkraft, im Gegensatz zu den sogenannten Saftfarben, die entweder aus Pflanzen oder aus Tieren gewonnen wurden. Diese waren zum großen Teil dünnflüssiger und keineswegs deckend.

Das Bleiweiß

Dies ist ein Bleikalk, in den sich Metall verwandelt, wenn es über erwärmten Essig gesetzt wird – früher geschah dies in größeren Fabriken in schneckenartig zusammengerollten Platten.

Das Gelb

Genannt gelbe Erde oder Gelberde. Eine Erdfarbe, die aus einer tonartigen und fettigen Erdmasse gewonnen wird, die wegen ihres relativ hohen Fettgehaltes schlecht trocknet. Der Ton wird gebrannt, anschließend in Stücke zerschlagen, die dann ins offene Feuer geworfen werden, in dem sie nach kurzer Zeit in

---

Der Kienruß

Aus Ruß stellte man die schwarze Farbe her. Mit etwas Geduld und einem feuerfesten Spezialbehältnis läßt sich Kienruß auch heute noch gewinnen (auch Grundlage für schwarzes Lederpflegemittel).

Die Harzabfälle von Kiefern werden dazu in einem Spezialbehälter angezündet. Brennt das Harz, wird der Behälter luftdicht verschlossen. Die verdichteten Dämpfe setzen sich dann an den Wänden fest, von denen der so entstandene Ruß später abgekratzt wird.

Wenn er gebrannt wird, stellt er nicht nur das reinste Schwarz dar – wie man sich sicher gut vorstellen kann! –, sondern er trocknet auch sehr gut und schnell und verbindet sich besser mit Öl als alle anderen Farben.

Ziegelrot übergehen. Erst dann ist die Grundsubstanz gewonnen.

Der Ocker

Nicht zu verwechseln mit dem Erdgelb ist der Ocker, welcher Eisenanteile enthält. Würde man ihn brennen, würde dieser schwarz werden. Früher wurde der sogenannte Dresdener Goldocker als der vorzüglichste bezeichnet, da er in der Mixtur dem Dunkelgrün sein hervorragendes Aussehen verlieh.

Das Blau

Im Wagenbau wurde vorrangig das aus Eisen gewonnene Berlinerblau (auch Preußischblau) benutzt, das im 18. Jahrhundert durch den Berliner Fabrikanten Diesbach entdeckt wurde. Es zählt zu den ältesten künstlichen Farbstoffen. Es wurde aus Eisenionen und gelbem Blutlaugensalz gewonnen und zeichnet sich durch große Lichtbeständigkeit aus.

Der Zinnober

Der Zinnober ist eine schwefelhaltige Metallfarbe, die in einem meist roten, diamantglänzenden Mineral vorkommt und noch zu Beginn des 20. Jahrhunderts in der Toskana abgebaut wurde.

Das Grün

Durch Vermischen von Berlinerblau und Gelb entsteht ein sattes, dunkles Grün.

Das Lackieren selbst wurde meist im Mehrschichtverfahren durchgeführt, es wurden also mindestens zwei, im soliden Kutschenbau alles in allem bis zu 20 Farbschichten aufgetragen. War die erste Schicht getrocknet, wurde diese mit einem Bimsstein gründlich geschliffen. Bims ist ein vulkanisches Erzeugnis, das sich im Boden zu einem verkalkten Sandstein umbildet. Er kommt auch heute noch in grober, das heißt schwerer und für das Lackschleifen ungeeigneter Form vor sowie in feiner, das heißt leichter Art, die sich bestens zum Schleifen eignet. Der Bims wurde in großen Blöcken angeliefert, die dann in handliche Stücke gesägt wurden.

Lackfirnis

Die Experten des vergangenen Jahrhunderts schworen auf den Lackfirnis, der mittels ganz bestimmter Rezepturen und Hilfsmittel hergestellt wurde und in den traditionellen Hochburgen des Kutschenbaus des europäischen Auslandes zur Endbehandlung der Lackierung verwendet wurde. Dabei waren vor allem Glanz, Dauerhaftigkeit und Klarheit von Bedeutung.

Wollen Sie Ihren Firnis selbst herstellen? In den nächsten Zeilen haben Sie sozusagen ein »Kochbuch für Firnis aus dem 18. Jahrhundert« vorliegen. Sie benötigen einen windgeschützten Feuerungsort im Freien, einige Backsteine, auf die der Kochtopf mit Deckel gestellt wird, sowie Buchenholzkohle. Diese ergibt die anhaltendste und beständigste Hitze. Sie sollten auf keinen Fall Holz verfeuern, da die möglicherweise entstehenden Flammen über den Topf schlagen und das Lein-, besonders aber das Terpentinöl entzünden könnten. Als Kochtopf eignet sich zur Schmelzung am besten ein kupfernes oder ein emailliertes eisernes Gefäß. Außerdem benötigen Sie einige Blätter graues Löschpapier, mit denen der Deckel, vor allem die Unterseite, abgedeckt wird. Dieses Papier saugt das beim Kochen entstehende Wasserkondensat auf und verhindert, daß dieses in den Topf zurücktropfen kann, womit nur das Schmelzen der Zutaten verzögert würde. Wenn es beim Schmelzen zu naß geworden ist, muß es während des Kochvorgangs erneuert werden. Zum Rühren benutzen Sie am besten ein am Ende abgeplattetes Eisenstäbchen.

So, nun geht's ans »Eingemachte«. Dieses setzt sich zusammen aus 1 Pfd. hellem Kopal, 1 l ungekochtem, sogenanntem rauhen, aber in jedem Fall gebleichtem Leinöl und 1,5 l Terpentinöl. Dieses Mischungsverhältnis muß unbedingt eingehalten werden.

Das Kopal, ein helles, durchsichtiges Harz, muß erhitzt werden, und zwar so lange, bis es tropfenweise von dem eben erwähnten Eisenstäbchen herunterläuft. Dieser Verflüssigungsvorgang dauert etwa 25–35 Minuten. Es sollte nicht zu stark erhitzt werden, da es sonst sehr leicht ins Schwärzliche übergänge, was wir unter allen Umständen vermeiden wollen! Während Sie das Kopal erhitzen, stellen Sie das Leinöl und das Terpentinöl bereits in Tontöpfen neben die Kochstelle. Geben Sie auf keinen Fall statt ungekochtem Leinöl Ölfirnis hinzu! Der Firnis würde zwar schneller trocknen, aber auch trübe und verlöre sein glänzendes Aussehen.

Wenn das Kopal flüssig geworden ist, geben Sie das Leinöl und Terpentinöl dazu und rühren gründlich durch. Niemals zuerst das Leinöl erhitzen! Es würde schwarz und den Firnis verderben. Aber Vorsicht: Das Terpentinöl ist ein leicht entzündliches ätherisches Öl! Das Leinöl wird unter ständigem Rühren langsam

dem Kopal beigefügt. Je heißer es ist, desto besser verbindet es sich mit dem Kopal. Ist die Masse gut verrührt, nimmt man den Topf vom Feuer, läßt ihn fünf Minuten abkühlen und gießt dann langsam unter ständigem Rühren das Terpentinöl hinzu. Schütten Sie dieses Öl zu schnell in den Topf, besteht die Gefahr des Überschäumens und -kochens.

Haben Sie den Sud zubereitet, lassen Sie ihn ein wenig abkühlen. Danach wird er mit Hilfe von grauem Löschpapier filtriert und in grüne Flaschen abgefüllt, die sofort luftdicht mit einem Stopfen verschlossen werden müssen.

Wenn Sie nun den Firnis anschauen, besitzt er eine rötliche Färbung, in der grünen Flasche sieht er aus wie reiner Malagawein. Kopal ergibt den Glanz, das Leinöl gibt die Haltbarkeit und Dauerhaftigkeit, und das Terpentinöl fördert das Durchtrocknen und die Härte des Firnis.

Bleiben unaufgelöste Kopalstückchen auf dem Löschpapier zurück, erhält man aus ihnen auf keinen Fall mehr hellen Firnis, sondern dunklen. Sie lassen sich nur noch für dunklere Farben verwenden. Für das Lackieren von Kutschen sollte man im übrigen nur das echte, afrikanische Kopal benutzen, die sogenannte Sansibar-Ware.

Die oben erwähnten Gewichtsangaben ergeben etwa 2 Liter Firnis. Für Ganzlackierung mit Firnis benötigen Sie etwa 5–6 Flaschen! Der Sud könnte schon nach wenigen Tagen benutzt werden. Besser ist es aber zu warten: Je länger er in den Flaschen gestanden hat, desto mehr gewinnt er an Klarheit! Also: Sie sollten diesen Firnis nie vor Ablauf eines Jahres benutzen. Wird eine weitere Aufhellung gewünscht, können Sie die

Kutschenrestauration

Noch zwei Tips zum Lack und zum Lackieren, wenn es um Nachlackieren und Kutschenrestauration geht:

1. Nehmen Sie nicht einen x-beliebigen Pinsel, sondern einen kleinen, lediglich mittelfingergroßen Pinsel mit Eichhornhaar. Wenn dieser Pinsel fachgerecht hergestellt wurde, verliert er kein Haar und läßt sich wunderbar vor allem zum Linieren verwenden. Linieren bedeutet das Aufbringen feiner Farblinien auf den Kutschenkorpus und die Speichen. Dazu muß man aber ein Händchen haben, das kann nicht jeder, dazu gehört eine Menge Erfahrung und Übung. Es macht Spaß und Freude, solchen Menschen bei ihrer Arbeit zuzusehen.

2. Experten schwören aufgrund jahrzehntelanger Erfahrung entweder auf einen belgischen Bootslack der Marke *Levis* oder einen englischen Lack namens *Tekaloid (Britain's most famous Coach Enamel* – So ist es jedenfalls auf der Verpackung zu lesen).

Beide Lacke zeichnen sich durch eine außerordentlich gute Fließfähigkeit aus, das heißt, die aufgetragenen Lakke laufen mit dem Pinselstrich sehr gut und müssen vor allem bei großflächiger Verarbeitung nicht ständig nachgepinselt werden, so daß nachher möglicherweise die Pinselspuren noch zu erkennen sind.

Der englische Lack sieht im getrockneten Zustand wie gespritzt aus und besitzt eine immense Reiß- und Rißfestigkeit. Auch hält er die enormen Beanspruchungen, vor allem während einer Marathonfahrt, über Jahre sehr gut aus.

Flaschen an die Sonne stellen und von ihr bis in den Herbst hinein »destillieren« lassen.

In der gleichen Art, wie der Kopalfirnis hergestellt wird, können Sie auch Bernstein statt Kopal benutzen. Der Bernsteinfirnis ist zwar farblich dunkler als Kopalfirnis, aber nach Einschätzung von damaligen Fachleuten noch wesentlich härter und widerstandsfähiger als selbst der vorzüglichste Kopallack. Empfohlen wurde er besonders zum »Lackieren« von stark beanspruchten oder der Witterung ausgesetzten Gegenständen, da er den teilweise sehr großen Temperaturschwankungen, denen die Kutschen ausgesetzt waren, deutlich besser widerstand und nicht so schnell Risse und sonstige Schäden zeigte. Wenn Sie das oben angegebene Mischungsverhältnis nicht beachten, hat dies Auswirkungen: Je mehr Kopal der Lack enthält, desto härter und glänzender wird der Überzug nach dem Trocknen erscheinen.

Wissen Sie eigentlich, woher der Name Terpentin kommt? Das Öl trägt seinen Namen nach dem sogenannten Terpentinbaum, der in Asien und auf einigen griechischen Inseln wächst und eigentlich das vorzüglichste Öl lieferte. Da dieses Öl auch komplett in diesen Ländern verbraucht wurde, mußten in Deutschland, Frankreich, England und der Schweiz andere Quellen erschlossen werden: Tanne, Fichte und Lärche. Das Harz dieser Nadelbäume sieht aus wie Wasser, hat aber einen strengen, durchdringenden Geruch.

Kutschenrestaurierung

Durch das zunehmende Interesse am Fahren und auch an gebrauchten, teilweise historischen Kutschen gibt es leider auch immer mehr sogenannte Restauratoren, die ihre Machwerke an die Frau oder den Mann zu bringen versuchen. Um zu überprüfen, ob Ihre Kutsche von einem Profi restauriert wurde, gibt es einige Möglichkeiten, dies festzustellen.

Die Scherenbefestigung

Historische Kutschen haben oft eine massive, metallene Scherenbefestigung am Vordergestell, die ein- oder beidseitig ausgeschlagen sein kann. Diese Befestigung sollte insgesamt so breit wie eben möglich angelegt sein, also in der Breite des gesamten Scherbaumes.

Checkliste für den Kauf restaurierter Kutschen

Wichtig sind Fotos des Restaurators vom Zustand der Kutsche vor und während der Restaurationsarbeiten. Einzelne »wunde« Punkte:

● Scherenbefestigung: Ist sie ausgeschlagen? Hat sie zuviel Spiel? Ist der Schwengelbolzen ausgeschlagen?

● Deichsel: Ist die Deichselbefestigung ausreichend gesichert? Wie ist der Freigang?

● Drehkranz: Hat der Drehkranz genügend Spiel? Beträgt der Zwischenraum von oberem und unterem Drehkranzteil nicht mehr als 4 bis 5 mm?

● Achsen: Ist Simmerring oder Lederscheibe vorhanden? Wie verläuft das Spiel der Räder? Laufen die Räder gleich?

● Federn: Sind die Federn ermüdet, ausgeschlagen oder die Blätter verrostet? Ist der Federbolzen korrodiert?

● Spindel- und Trommelbremse: Sind Bremsdruck und Bremswirkung ausreichend? Wie steht es um die Dichtigkeit des hydraulischen Bremssystems? In welchem Zustand sind Bremsscheiben und -beläge? Kontrollieren Sie auch den Vorratsbehälter!

● Schere: Gibt es Risse im Holz? Wurden nachträglich Eisenteile aufgeschraubt?

● Räder: Finden sich Risse in der Nabe, in den Speichen oder der Felge? Gibt es Sicherungsbleche an den Felgenstößen? Ist die Felge durch Speichen am unteren Ende auseinandergedrückt?

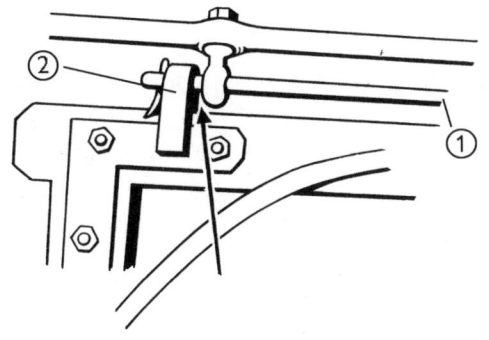

Ausgeleierte Scherenbefestigung: Die Scheren-
aufhängung ① hat im Befestigungseisen ② zuviel Spiel. Ein Austausch der Scherenaufhän-
gung ist dringend geboten.

Der Schwengelbolzen wird an einigen
Kutschen durch ein Loch im Holz geführt. Bei einer Kutschenrestauration
müßte an dieser Stelle ein Rohrstück eingearbeitet werden, um den Schwengelbolzen aufzunehmen. Dadurch wird in
der Zukunft ein Ausschlagen des Loches
verhindert.

Die Deichsel

An der Spitze befindet sich die Deichsel-
brille, in der die Aufhalteriemen oder
Aufhalteketten befestigt sind; mit deren
Hilfe werden die Bewegungen des Pferdes auf die Deichsel übertragen. Diese
Brille muß einschließlich der Durchfüh-
rungsringe oder Augen ausreichend groß
und stabil genug sein, um alle Lenkbewe-
gungen und auch ein leichtes Bremsen
auf den Wagen zu übertragen.

Auf eine ausreichende Sicherung der

Deichselbefestigung, die ein unbeabsich-
tigtes Lösen verhindert, ist unbedingt zu
achten. Bei Stahl- oder Stahlrohrdeich-
seln, die nicht mit Freigang aufgehängt
wurden, kann es zu Verbiegungen kommen als Folge von Schlägen durch Bodenunebenheiten. Verbogene oder ge-
brochene Deichseln machen ein sicheres
Führen des Gespannes unmöglich.

Der Drehkranz

Der Drehkranz besteht häufig nur aus einem Teil. Wesentlich besser wären zwei
Metallringe, die in der Mitte verbunden
sind. Nach längerem Gebrauch der Kutsche schlägt der in der Mitte plazierte
Bolzen des Drehkranzes aus, und dann ist
nur noch der komplette Austausch dieses
Bauteils zu empfehlen.

Das Spiel darf bei Drehkränzen nicht
so stark sein, daß der gesamte Fahrsche-
mel während der Fahrt Nickbewegungen

Ausgeschlagener Drehkranzbolzen, der ebenfalls erneuert werden muß.

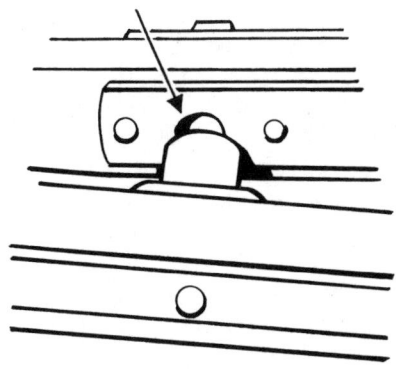

Apropos Fette
Als Fett sollten Sie ein Hochleistungs-Wälzlagerfett verwenden, welches hitzebeständig ist. In den Kegelrollenla- gern entstehen zum Teil so hohe Temperaturen, daß normales Fett sich verflüssigen würde!

machen kann. Ein leichtes Spiel ist bei allen Arten von Drehkränzen erforderlich und nicht zu beanstanden. Das Spiel an der breitesten Stelle eines Drehkranzes zwischen Ober- und Unterteil sollte also maximal 4–5 mm betragen.

Ein besonderes Wort zum Wagenvordergestell: Sind diese Metallteile wie alle anderen handgeschmiedet aus ovalem Vollmaterial, welches sich nach vorn verjüngt, kann man davon ausgehen, daß es sich um keine nachgemachten Eisenteile handelt. Hieran kann man erkennen, ob es sich um originale Teile handelt. Besitzen diese Teile hinten und vorn die gleiche Stärke, handelt es sich meist um neues Material, denn heute wird auf das Verjüngen größtenteils verzichtet.

Die Achsen

In der heutigen Zeit werden Achsen in die Kutschen eingebaut, die die Radnaben mit Kugellagern aufnehmen. Diese Kugellager müssen selbstverständlich mit ausreichend Fett versehen sein, um optimale Schmierung zu erhalten. Gegen ein Auslaufen des Fettes, vor allem wenn sich seine Viskosität ändert (Hitze!), ist das Kugellager wie beim Pkw mit einem Simmerring geschützt. Früher dagegen gab es solche Bauteile noch nicht, und deshalb wurde statt dieses Ringes eine gut sitzende Lederscheibe benutzt, damit das Fett nicht austreten konnte.

Man sollte also darauf achten, daß diese Lederscheibe, bei neuerer Bauart der Simmerring, einen guten Erhaltungszustand aufweist. Im übrigen muß das Spiel der Räder kontrolliert werden, damit der Käufer hier keine unliebsamen Überraschungen erlebt. Dazu muß die Kutsche aufgebockt werden, so daß sich die Räder, oder nacheinander jedes einzelne, frei bewegen lassen. Und auch nur so läßt sich klären, ob die Nabe eventuell einen Schlag hat und möglicherweise mit der Achse nicht gleichläuft. Nur dann nämlich ist es möglich, daß ein Zwischenflansch (zusätzliches Metallstück) an die vorhandene Achse geschweißt werden kann, um dann genügend Platz für eine nachträglich einzubauende Scheibenbremse mit Halterung für die Bremszange zu bekommen. Ansonsten wäre es viel zu eng. Sollten Bremszangen vorhanden sein, müssen diese selbstverständlich auf Festigkeit und Korrosion untersucht werden.

Federn und Federbrieden
(Federbefestigungen)

Im Vorderbereich können die Federn an der Kutsche ausgeschlagen sein. Auch das läßt sich nur auf einer Hebebühne eindeutig klären. Ebenso müssen die Federbrieden auf ihren Zustand und ihren festen Sitz hin kontrolliert werden.

Früher wurden häufig sogenannte aus-

Achsenprüfung

Wie prüft man eine alte Wagenachse bei einer Erstbesichtigung? Stellen Sie sich vor das Rad, und versuchen Sie, dieses quer zum Wagen zu bewegen. Beobachten Sie genau die Stelle der Nabe, an der die Achse einmündet. Eine Auf- und Abbewegung der Nabe (radiales Lagerspiel) läßt auf große Abnützung schließen.

Das achsrechte Lagerspiel, zwischen Stoßscheibe und Radmutter, läßt sich dagegen in den meisten Fällen durch Nachziehen der Achsmuttern oder durch eine neue Lederdichtung beheben (nicht bei radialem Lagerspiel!).

Ein korrektes Nachprüfen der Achsluft geht am besten durch Anheben des Wagens, noch besser durch Radabnahme, da Sie unter Belastung das tatsächliche Ausmaß des Spiels nur unzureichend feststellen können. Es darf keine Achsluft geben, sonst besteht immer die Gefahr, daß die Achse ausschlägt. Am besten ist es, wenn das Rad beziehungsweise die Nabe ohne Spiel auf den Achsstummel geschoben werden kann.

Ein solider, seriöser Kutschenrestaurator wird vor jeder Instandsetzung die Kutsche immer im alten Zustand fotografieren. Mit diesen Aufnahmen der einzelnen Arbeitsgänge kann er darlegen und beweisen, was er an der Kutsche restauriert hat. Verlangen Sie diese Fotos, und seien Sie skeptisch, falls er sie nicht vorlegen kann!

---

geschmiedete Federn verwendet, das heißt, sie verjüngten sich zu ihrem Ende hin. Durch einen Belastungstest im freischwebenden Zustand läßt sich klären, ob die Federn ermüdet sind. Derartige Federn geben keinen ausreichenden Halt mehr, die freien Enden drücken sich nach oben; dann müssen sie ausgetauscht werden.

Den Zustand der Federn kann man auch durch eine Bremsprobe überprüfen. Hängt der Wagen nach hinten? Besteht die Gefahr, daß die Federn bei Bodenunebenheiten durchschlagen? Oder berühren diese beim Einschlagen der Vorderachse den Korpus?

Die beiden Federbolzen, die die Elliptikfedern zusammenhalten, sollte man

ebenfalls überprüfen. Sind sie noch in gutem Zustand, muß man sie nicht erneuern. Allerdings kann der vordere Bolzen gegen einen längeren ausgetauscht werden, damit hier am Kutschenrahmen ein Lederriemen angebracht werden kann, der den Bremsschlag einer später eingebauten Scheibenbremse mildern kann. Wenn dies nicht eingebaut würde, hätte

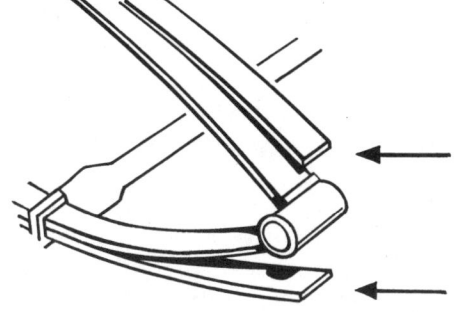

Ermüdete Federn. Die freien Enden drücken nach oben beziehungsweise nach unten und bedürfen der Erneuerung.

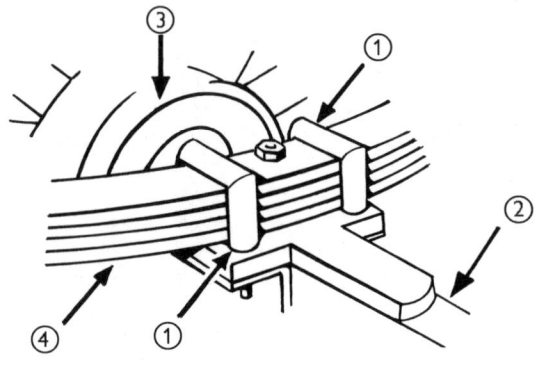

Blattfederung
① Federbrieden   ③ Rad
② Achse   ④ Federn

die hintere Federbefestigung die gesamten Bremskräfte aufzunehmen. Und dies führt irgendwann zum Bruch.

Spindel- und Trommelbremse

Spindelbremsen erscheinen häufig mechanisch in Ordnung, es fehlt allerdings manchmal der ursprüngliche Kurbelgriff. Trommelbremsen, die lange Jahre nicht gepflegt wurden, sind absolut festgerostet. Zwar läßt sich das Bremspedal durchtreten, aber eine Wirkung haben festgerostete Trommelbremsen nicht mehr. Nicht vorzustellen, was passiert, wenn dann im Straßenverkehr die Bremse versagt!

Öffnet man die Bremstrommel, zeigt sich, daß sowohl die Bremstrommel mit einer Korrosionsschicht versehen ist als auch die Bremsbeläge; die Belagstärke ist

durchaus sehr gut und deutet darauf hin, daß diese Bremse nicht allzu oft benutzt wurde. Nur durch Öffnen der Trommeln kann man erkennen, ob überhaupt noch ein Bremsbelag in ausreichender Stärke vorhanden ist.

Das gleiche gilt für das notwendige Fett. Dieses muß auf jeden Fall neu eingebracht werden. An modernen Kutschen befindet sich für das Abschmieren der Achsen im Außenbereich ein Schmiernippel, selbstverständlich an jedem Rad zumindest einer.

Zu prüfen ist bei einer hydraulischen Bremsanlage die Dichtigkeit des Systems und der Zustand der Bremsflüssigkeit. Wenn Sie »pumpen« (also das Pedal mehrfach treten) müssen, damit sich erst dann ein ausreichender Bremsdruck aufbauen kann, ist das ein Zeichen für Luft in den Bremsleitungen oder überalterte Bremsflüssigkeit. Baut sich der Druck bei fest getretenem Bremspedal langsam wieder ab, kann das hydraulische System undicht sein.

Vielleicht sind ja ein paar ausgetretene Tropfen Bremsflüssigkeit zu erkennen. Aufgequollene oder stumpfe Lackstellen unter Bremsleitungen oder Verschraubungen können auch ein Indiz für Undichte sein, da die aggressive Bremsflüssigkeit viele Lackoberflächen angreift. In jedem Fall sollte das Bremspedal von selbst und rasch wieder in seine Ausgangsposition zurückkommen.

Den Vorratsbehälter sollte man zur Kontrolle des Flüssigkeitsstandes und zum eventuellen Nachfüllen leicht erreichen können.

Wie ist der Zustand der Bremsscheiben und -beläge beschaffen? Sind die Bremsbeläge im Handel zu kaufen? Ist die Herkunft der Bremssättel bekannt?

Machen Sie in jedem Fall eine Bremsprobe (die Kutsche per Hand oder mit dem Pkw ziehen), und achten Sie dabei auf exakte Dosierbarkeit (die Bremswirkung darf nicht abrupt einsetzen) und gleichmäßiges Arbeiten beider Seiten. Bei voller Belastung der Kutsche sollten die Räder auf Beton oder Asphalt erst kurz vor Ende des Pedalweges blockieren, die Bremswirkung aber möglichst frühzeitig einsetzen. Gebremste Vorderräder sollten erst am Ende des Pedalweges, am besten aber gar nicht blockieren, was insbesondere bei kurz gebauten Kutschen lebensrettend sein kann. Bedenken Sie immer und immer wieder: Ein durchgehendes Gespann mit den gebräuchlichen Kutschen kann man nie durch Bremsen einfangen!

In jedem Fall muß die Bremsanlage so ausreichend dimensioniert sein, daß sie in der Lage ist, die auch beim Abbremsen in Gefällstrecken auftretenden Bremskräfte abzufangen.

Das Holz

Immer wieder lassen wir uns durch frische, leuchtende, geschmackvoll verarbeitete Farben blenden. Selbstverständlich wäre es ungehörig, wenn Sie als potentieller Kutschenbesitzer bei einer Kutschenbesichtigung den Lack abkratzen würden, um festzustellen, was sich darunter auftut.

Insofern gilt hier um so mehr: Lassen Sie sich die Bilder vom Zustand der Kutsche vor der Restauration sowie der einzelnen Arbeitsgänge zeigen! Mit Lack läßt sich eine Menge zudecken, zumindest bis zum ersten Einsatz der Kutsche, und dann ist die Enttäuschung möglicherweise groß!

Holzschutzmaßnahmen

Eine der wichtigsten vorbeugenden Holzschutzmaßnahmen besteht in der ausschließlichen Verwendung von Kernholz. Nun steht aber Kernholz nicht immer in ausreichender Menge zur Verfügung, so daß auch die weit weniger widerstandsfähigen Splint- und Reifhölzer verarbeitet werden müssen, die in jedem Fall eines besonderen Schutzes bedürfen. Dieser kann aus wasserlöslichen Holzschutzmitteln bestehen, die nasses Holz bei ihrer Anwendung voraussetzen, um hauptsächlich durch Diffusion in das Holz eindringen zu können. Ölige Holzschutzmittel brauchen trockenes Holz, um in die leeren Zellen des Holzinneren hineinzufließen.

Grundsätzlich sollten Sie bedenken: Bei der Anwendung von Holzschutzmaßnahmen ist vor allem der Wassergehalt des Holzes und das Eindringen des Wassers in das Holz von entscheidender Bedeutung. Der Wasseranteil im Holz erweist sich als der wichtigste Faktor für die Geschwindigkeit der Holzzerstörung. Ein Pilzbefall bei einem Wassergehalt des Holzes unter 20 % ist in der Regel nicht möglich.

Hinzu kommt die Schnittart (beziehungsweise der Verlauf der Jahresringe im Schnittholz), die sich auf die Verformung des Holzes sowie auf dessen Schwund- und Quellverhalten auswirkt. Dadurch können sich bei Konstruktionen Fugen und Risse bilden, durch die Wasser eindringen kann.

Außerdem ist es wichtig, ob es sich um harzreiches Holz handelt. Harze werden bei Temperaturen um 60 °C flüssig, wobei sie aus Harzkanälen und Harztaschen austreten können. Als Folge können sich Anstriche abheben, so

Holzkäfer

Die meisten Holzkäfer lassen sich ohne Chemie einfach, allerdings in je nach Befall sehr mühsamer Art und Weise, aus ihren »Verstecken« beziehungsweise Gängen herausholen.

Besorgen Sie sich dazu eine 10-ml- oder 20-ml-Spritze aus der Apotheke mit einer entsprechend dünnen Injektionsnadel, und füllen Sie diese Spritze mit reiner Essigessenz. Sie gibt es in Glasflaschen in jedem Lebensmittelmarkt zu kaufen. Nun spritzen Sie diese Essenz in jedes sichtbare Loch sehr gründlich und akribisch ein. Für die Menge, die Sie dort hineinspritzen, müssen Sie ein wenig Fingerspitzengefühl entwickeln. In jedem Fall werden die Holzschädlinge im wahrsten Sinne des Wortes »sauer« und verlassen ihr geliebtes Holz.

Sollten Sie nach dieser Spritzkur immer noch Mehlspuren entdecken, müssen Sie die Prozedur gegebenenfalls wiederholen.

---

daß Wasser in außenliegende Holzteile eindringen kann.

Wasser kann auch direkt von außen und aus angrenzenden Stoffen sowie indirekt durch Tauwasserbildung auf das Holz einwirken. Wichtige Konstruktionsregeln sollten beachtet werden: Wasser darf auf Holzflächen und in Holzkonstruktionen nicht stehenbleiben!

Das Holz muß ungehindert arbeiten können, damit keine Spannungen entstehen, die zur Rißbildung führen. Seien Sie in diesem Punkt besonders aufmerksam: Risse werden allzuhäufig mit Silikon zugeschmiert! Hierdurch fällt eine erneute Rißbildung wesentlich später oder überhaupt nicht auf, da diese Substanz elastisch und überstreichbar ist!

Waagerecht angeordnete Holzteile müssen ein ausreichend großes Gefälle (Abschrägung) sowie Abtropfmöglichkeiten haben, um die Ableitung des Wassers schnell zu ermöglichen. Kanten und Ecken sollten leicht abgerundet werden, damit hier die Anstrichschicht so dick wird wie auf den übrigen Flächen und so das Holz besser schützt.

Rechts oben:
Ein Wagen, der nach historischen Gesichtspunkten als »Achenbach-Wagen« zu bezeichnen ist. Er steht in einem Privatmuseum in Mannheim.
Unten: Eine Postkutsche der Sächsischen Reichspost. Durch Brandstiftung im Gestüt Moritzburg wurde das historische Modell aus dem Jahr 1904 ein Raub der Flammen. Im Jahr 1993 konnte Gustav Kühnle einen originalgetreuen Nachbau dieser Postkutsche dem Gestütsleiter Dr. Görbert übergeben.

Seite 52
Oben: Heute ein ganz seltenes Stück: ein komplett und original restaurierter Feuerwehrwagen.
Unten: Eine Post-1860-Private Coach, eine besondere Art der Mail Coach. Ursprünglich wurde diese Kutsche im Schauprogramm des offiziellen Kutschenkorsos während des weltberühmten Derbys des Club of Ascot gefahren. Diese Coach ist um 1890 von Isaac Aldebert, London, gebaut worden.
Die Kutsche ist zweifarbig lackiert: Es waren die Familienfarben der »Hohen Herrschaften«. Die meisten anderen Mail Coaches werden dagegen mehrfarbig lackiert und sind so von den Private Coaches zu unterscheiden.

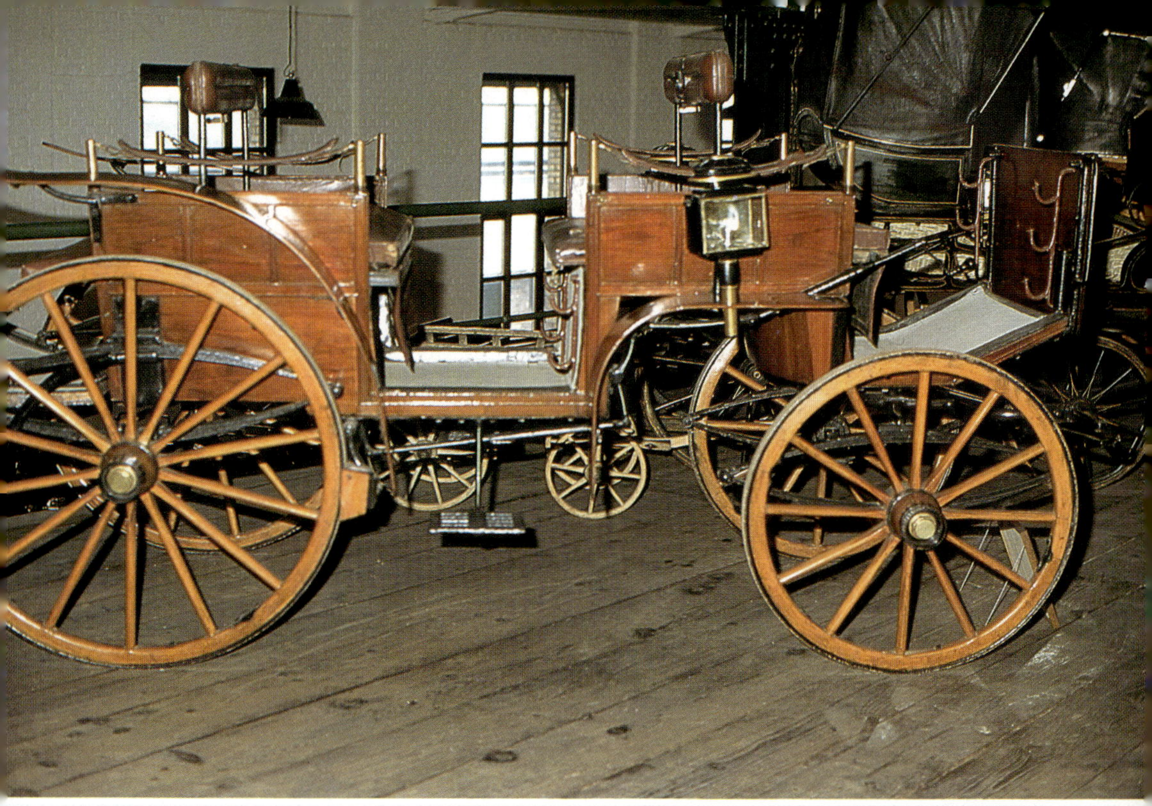
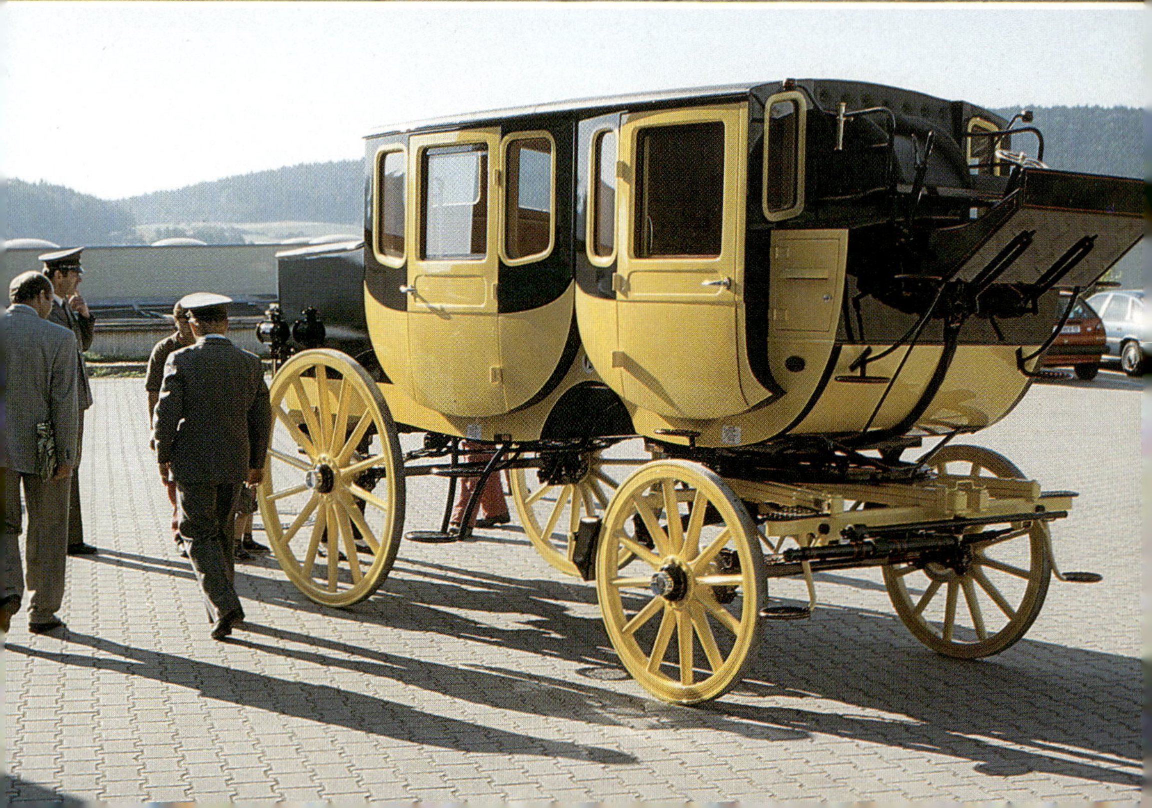

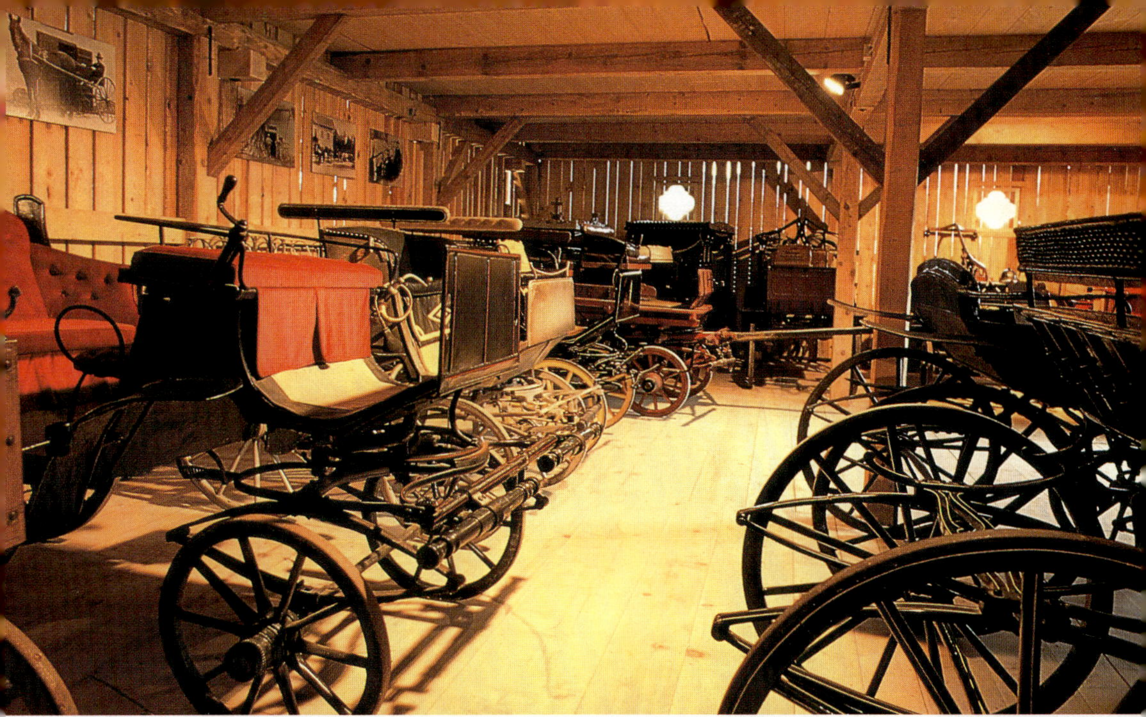

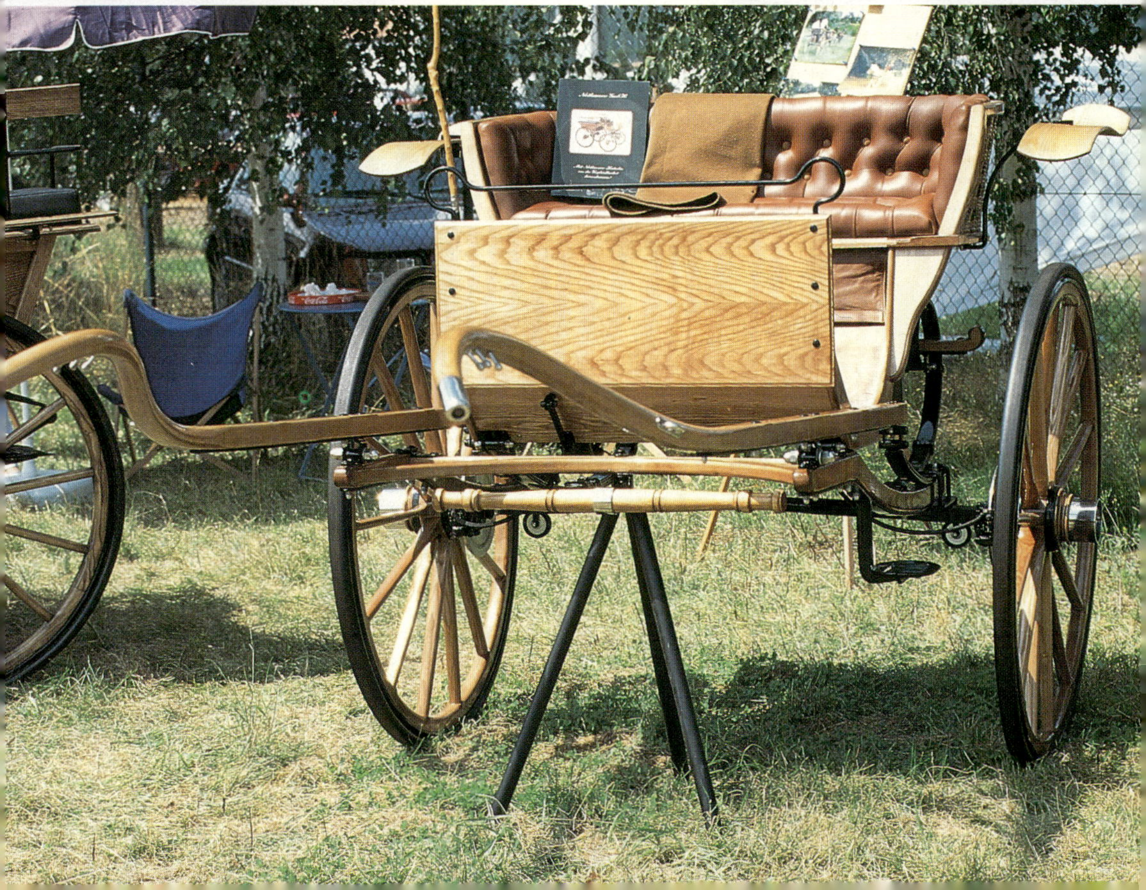

Für angegriffenes Holz gibt es eine Reihe von

Sanierungsmaßnahmen

Die Bohrlochtränkung stellt bei der Bekämpfung der Insekten ein Sonderverfahren dar. Dabei werden Löcher in die gefährdeten und befallenen Holzstellen gebohrt und mit Holzschutzmitteln gefüllt.

Bei der Bekämpfung der Nagekäfer werden häufig Injektionsspritzen verwendet. Mit ihnen lassen sich Holzschutzmittel durch die Ausfluglöcher von 1 mm bis 2 mm Durchmesser in die Fraßgänge tief einbringen, ohne daß die Holzoberfläche fleckig wird. Die Ausfluglöcher können anschließend verkittet werden. Heißluftgeräte dienen ebenfalls der Bekämpfung. Dabei werden die befallenen Holzteile für die Dauer von 30 bis 60 Minuten unter einer Temperatur von etwa 55°C gehalten.

Von Pilzen befallenes Holz, das seine Festigkeit verloren hat, muß in jedem Fall durch neues, mit einem Holzschutzmittel tiefgeschütztes Holz ersetzt werden.

Die Mängel aus der Nähe betrachtet

Wie bei den Metallteilen kann auch und gerade beim Holz eigentlich nur dazu geraten werden, dies im Rohzustand anzuschauen. Sie sollten als potentieller Käufer darauf bestehen. Denn wer nichts zu verbergen hat, dem dürfte es nichts ausmachen, die Kutsche zu zeigen, bevor diese restauriert wird.

Fangen wir vorne bei der Kutsche an. Hier bestehen allzuoft Mängel im Vorderbereich der Schere, die auf den ersten 30 bis 40 cm an- oder gar durchgebrochen ist. Einfach und preiswert wird der Schaden behoben, indem diese Stellen geschliffen, gestrichen und von unten mit einer Eisenschiene versehen werden.

Das gleiche gilt für den hinteren Querteil der Schere, der möglicherweise einen großen Riß an der Faser entlang zeigt. Dies bedeutet Instabilität und ein großes Sicherheitsrisiko. Allzuhäufig werden auch diese Partien zugespachtelt und überstrichen und sind beim ersten Anblick nicht zu erkennen.

Die Räder

Wenden wir uns den Rädern zu. Sie bestehen aus der Nabe, der Felge und den Speichen. Bei historischen Kutschen be-

Seite 53
Oben: Blick in ein privates Kutschenmuseum, welches mit sehr viel Liebe und Gespür für die Feinheiten ausgestattet ist und den Besucher einen Hauch von Exklusivität verspüren läßt.
Unten: Einspänner-Gig der Fa. Niethammer. Hier verbinden sich Kundenwünsche mit stilreiner, traditioneller Bauweise für jeden Verwendungszweck und absoluter Alltags- und Geländetauglichkeit.

Seite 54
Oben rechts: Geschirrdetail: Kammdeckel mit Aufsatzhaken, vergoldet. Wer das Besondere verlangt, dem erfüllt auch heute noch der eine oder andere Geschirrhersteller auch die exklusivsten Wünsche.
Oben links: Kutschenlampe aus Silber am Originalwagen eines deutschen Königshauses, der in einem privaten Museum in Mannheim zu besichtigen ist.
Unten: Ein ganz seltenes Detail: An der Spindelbremse hängt eine alte Hupe, die mit einem Gummiball zu betätigen ist.

stehen alle diese Teile aus Holz. Es kann durchaus vorkommen, daß die Holzteile und Eisenreifen lose sind und im Ernstfall keinen Halt mehr bieten. In gewissen Grenzen läßt sich diese Alterungserscheinung bei trockener Luft durch Einpacken in feuchte Tücher kompensieren.

Die Nabe

Im Holz der Nabe können sich schon relativ große Risse gebildet haben. Zwar müssen diese Naben nicht unbedingt einen Schlag haben und können meist noch mit der Achse gleichlaufen, aber einen Seitenschlag auf das gesamte Rad dürften solche Naben nicht mehr überleben und trotz Metallsicherungsringen auseinanderbrechen. Konsequenz: Kompletter Austausch der gesamten Nabe.

Felge mit Sicherungsblech an den Felgenstößen. Im traditionellen Kutschenbau wurden diese Bleche aus Sicherheitsgründen immer angebracht, damit der Zusammenhalt der einzelnen Felgenbögen gewährleistet war.

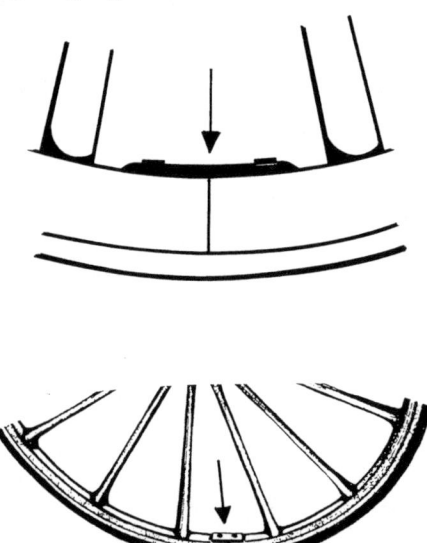

Felge und Speichen

Bei vielen Felgen fehlt oft ein Sicherungsblech oder -eisen an den Felgenstößen, das heißt an den Stellen, an denen die Felgenstücke aneinandergesetzt sind. Eine weitere Untersuchung könnte deutlich zeigen, daß die Felge im Laufe der Jahre durch die Speichen auseinandergedrückt wurde. In einem solchen Fall bleibt bei Rißbildung nur der komplette Austausch der Felge und der betroffenen Speichen. Hält sich der Schaden aber in Grenzen, genügt es, die Felgen glattzuschleifen.

Das Holz des Aufbaues

Eine Totalrestaurierung bedeutet, daß der gesamte Aufbau marode, an einigen Stellen regelrecht durchgefault ist. Bläue, Wurmbefall und nicht mehr tragfähige Teile zwingen dazu, den gesamten Aufbau mit neuem Holz nachzubauen. An den Kotflügeln zum Beispiel ist häufig unter der abgeplatzten Farbschicht deutlich der Bläuepilz zu erkennen.

Frisch gestrichene Holzteile sehen auf den ersten Blick aus wie Naturholz. Aber: meist handelt es sich um einen »Trick« des Malers: Er hat mit einem breiten Pinsel eine hellbraune Farbe in einer dicken Schicht aufgetragen und anschließend mit einem mit einer Art Verdünner getränkten Schwamm die Faserstruktur des Holzes nachgeahmt. So wird sie in den aufgestrichenen Lack hineingebracht und der Betrachter beim ersten Hinsehen getäuscht. Wie an anderer Stelle schon einmal erwähnt, ist es in solchen Fällen immer besser, dem Kunden diese Holzteile im Rohzustand ohne Farbe zu zeigen. Ansonsten kann nämlich mit schöner Farbe, Spachtel, Kitt und anderem kaschiert sein, so daß nichts auffällt, solange die Kutsche nicht benutzt wird.

Geschirr

Lederauswahl

Ein qualifizierter Geschirrhersteller hat bestimmte Großgerber, die ihn mit gutem Leder beliefern. Einigen Exportländern sagt man nach, daß dort die Tierhaut mit roher Gewalt einfach vom Tierkörper abgezogen wird, wobei dies oft nicht mit einem scharfen Messer durch das Durchtrennen der dünnen untersten Hautschichten geschieht. Da passiert es auch schon einmal, daß einige Fleischfetzen mit abgezogen werden, die dann auch beim Gerben daran bleiben und nicht entfernt werden. Ein derartiges Leder entwickelt einen eigenartigen, leicht nach Verwesung riechenden Geruch, und häufig wird auch ein Antischimmelmittel verwendet. Nähte halten in dieser Art Leder bei weitem nicht so gut wie in ordnungsgemäß hergestelltem Leder, welches sich schon durch seinen wohltuenden Bienenwachsgeruch von Billigleder unterscheidet.

Umweltfreundlicher sind die alten Gerbertraditionen, die oftmals vielerlei Vorteile gegenüber den heutigen Gerbmethoden hatten. Früher wurde zum allergrößten Teil nur vegetabel, das heißt mit Naturstoffen, gegerbt. Dazu wurde die abgezogene Haut in ein sogenanntes Loh, einen Sud aus verschiedenen Laubbaumholzspänen (Buche und Eiche) ganz eingetaucht und blieb in diesem Grubengerbungsbecken etwa ein halbes Jahr. Viele ältere und seit einiger Zeit auch vermehrt wieder jüngere Hersteller schwören auf dieses Verfahren (statt beispielsweise auf die Chromgerbung), da das Leder länger hält, es nicht so spröde wird und durch die größere Geschmeidigkeit der Hautfasern auch leichter zu nähen ist.

Das Kumt

Immer wieder hört man von großen Problemen, die beim Auflegen des Kumts auftreten, und zwar deshalb, weil die Pferde vor der Enge scheuen, wenn das Kumt über den Kopf, die Augen und Ohren geschoben wird. Dagegen hilft, ein Kumt einzusetzen, welches oben oder unten zu öffnen und aufzuklappen ist. Damit vermeidet man das Über-den-Kopf-Schieben und erspart dem Pferd eine wenig angenehme Prozedur, da es gleich um den Hals gelegt werden kann. Erst dann wird es wieder verschlossen.

In früheren Zeiten wurden Kumte immer mit Roggenstroh gefüllt. Auch heute gibt es wieder verstärkt Geschirrhersteller, die die Roggenstrohfüllung bevorzugen: Erstens ist es ein Naturstoff, und zweitens paßt es sich der anatomischen

Englisches Kumt
① Aufhaltering
② Leinenaugen
③ Zugkrampen
④ Kumtkissen
⑤ Strangstutzen
⑥ Strangstutzenschnalle
⑦ Kleiner Bauchgurt
⑧ Langring
⑨ Kumtbügel
⑩ Kumtgürtel

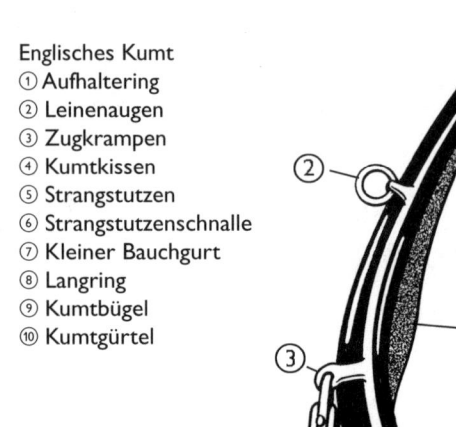

Brustblatt
① Aufhaltering
② Brustblatt
③ Halsriemen
④ Leinenauge
⑤ Strangstutzenschnalle
⑥ Oberblattstößel
⑦ Bauchgurtstrippe
⑧ Kleiner Bauchgurt

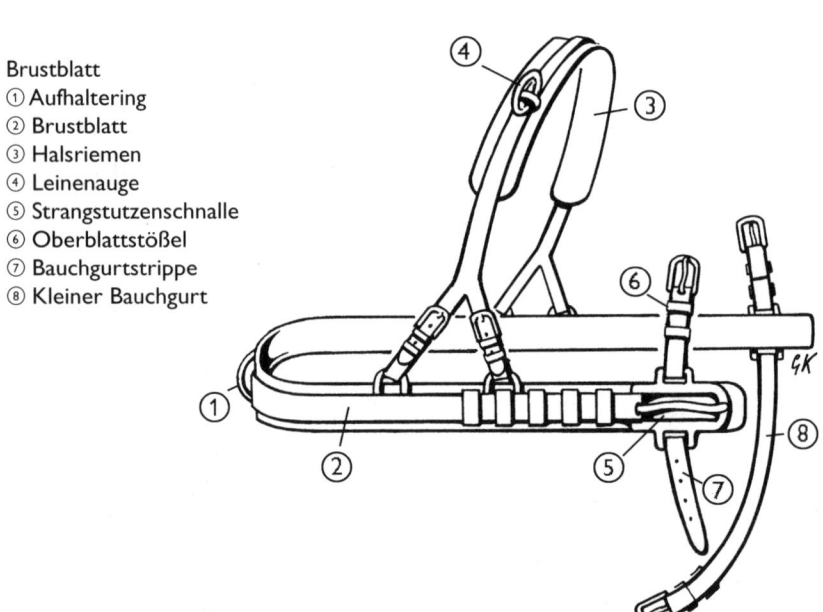

Form des jeweiligen Pferdes an. Es sitzt dann ein für allemal und hat die Paßform »seines« Pferdes angenommen. Ob ein ausgeschäumtes Kumt, welches immer wieder in seine ursprüngliche Form nach Gebrauch zurückgeht, geeigneter ist, darf bezweifelt werden. Das wäre das gleiche, als ob wir Menschen ständig zum Wandern oder Bergsteigen neue Schuhe anzögen.

Rehhaare

Um das Kumt auszukleiden, benutzt nur ein einziger Hersteller Winterrehhaare. Warum tut er das? Nun, diese Haare erfahren eine bestimmte Behandlung, bevor sie ins Kumt eingearbeitet werden, wodurch sie sich während der Kumtbenutzung verkeilen. Der Vorteil liegt darin, daß der vorhandene Talg eine hervorragende Sperrschicht zur Schweißhaut des Pferdes bildet und es sich wesentlich besser formen läßt. Hinzu kommt, daß auch die Strohkränze der Kumte von diesem Hersteller flach genäht werden. Besonderer Wert wird in dieser Werkstatt darauf gelegt, daß die Marathongeschirre mit nahtfreien Brustblättern hergestellt werden, der Kammdeckel lang gepolstert ist und dort Roßhaar verwendet wird, um Federung und Atmungsaktivität zu verbessern und zu verhindern, daß sich die Füllung durch Schweißeinfluß zusammensetzt und verklumpt.

Die Schweifmetze

Die Schweifmetze sollte mit Leinsamen gefüllt sein. Wer schon einmal den Verlauf der Schweifmetze verfolgt hat, wird festgestellt haben, daß sie unter der Schweifrübe an einer wenig beziehungsweise gar nicht behaarten Stelle verläuft. Diese Bereiche sind immer potentielle Gefahrenpunkte für Druck- oder Scheuerstellen. Der Leinsamen enthält sehr viel Öl, welches stetig von innen her das Metzenleder durchdringt, es auf diese Art fettet und geschmeidig hält, so daß es nicht allzu trocken wird und dann der Haut des Pferdes Fett entzieht; dies führt nämlich zu Geschirrdruck oder besser Metzendruck.

In der Landwirtschaft wurden früher bekanntlich Pferde statt Traktoren eingesetzt. Die Arbeitspferde mußten den ganzen Tag über nicht zu unterschätzende Leistungen erbringen, so daß auch vom Geschirr vieles abverlangt wurde. Um Kumt- oder Brustblattgeschirrdrücke zu verhindern, hinterlegten die Bauern diese beiden wichtigen Geschirrbestandteile mit einer ebenso breiten und dünnen Speckschwarte, damit das Leder nicht unnötig viel Fett aus der Pferdehaut heraussog. Häufig konnte damit ein Druck und

Schweifriemen
① Verschnallmöglichkeiten
② Schweifmetze

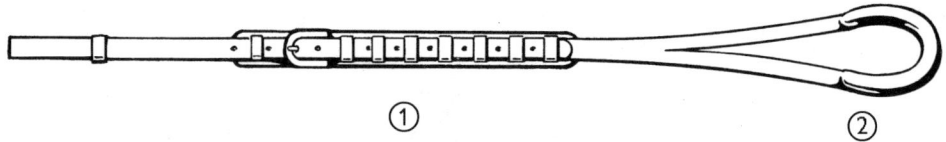

①   ②

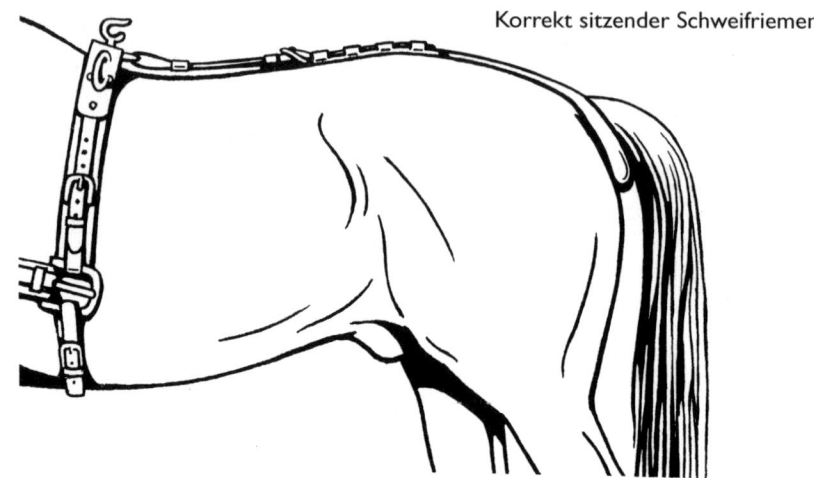

Korrekt sitzender Schweifriemen

damit ein Arbeitsausfall des Ackerpferdes vermieden werden.

Leinen

Die Leinen müssen nach Achenbach immer einen Naturbraunton besitzen. Wenn sie aus guter Lederqualität hergestellt wurden, dann sind sie aus dem sogenannten Croupon herausgeschnitten, dem Mittelteil einer Haut mit der Wirbelsäulenlinie, also ganz einfach ausgedrückt aus Lederstücken, die links und rechts in unmittelbarer Nähe der Wirbelsäule verlaufen. Eindeutiger Vorteil: Auch wenn die Leinen naß werden, können sie sich nicht erheblich dehnen. Dies würde mit den sogenannten Leinengriffen nach Achenbach lebensgefährlich werden, wenn das einmal aufgenommene Leinenmaß nach ergiebigen Regenschauern plötzlich nicht mehr stimmt. Da diese in ihrer Struktur sehr festen Lederstücke keine 3 oder 4 m lang sein kön-nen, müssen die Leinen mehrfach aneinandergesetzt und vernäht werden, um dann die vorgeschriebene Länge von 4,5 m zu erhalten. Würde nun die Leine beispielsweise geschwärzt, würde die gesamte Kleidung mit der Zeit eingefärbt. Und das sieht nun nicht gerade sehr schön aus.

Das Kopfstück

Eine grundsätzliche Devise im Fahren lautet: »Mache deinem Pferd durch die Art und Weise der Anspannung die Arbeit im Wagen so leicht und bequem wie möglich!« Wenn wir uns alle daran hielten, würden wahrscheinlich weit weniger Unfälle passieren.

Ein schlecht verpaßtes Kopfstück ist häufig Ursache dafür, daß die Pferde erheblich gestört, um nicht zu sagen gequält werden. Sie werden so sehr beunruhigt, daß die Sicherheit von Mensch und Pferd ernsthaft gefährdet ist.

① Genickriemen
② Ansatzstelle für
   Blendriemenschnalle
③ Stirnriemen
④ Blendriemen
⑤ Spieler
⑥ Backenstück
⑦ Rosette
⑧ Kehlriemen
⑨ Nasenriemen
⑩ Scheuklappen
⑪ Durchlaß für
   Backenstück

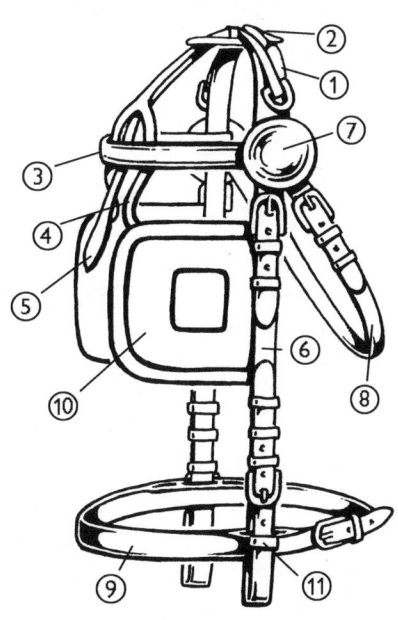

Zu diesen Störungen gehört beispielsweise ein zu kurzer Stirnriemen. Folge
davon ist, daß die Ohren eingeklemmt
werden, weil dieser Riemen das Genick-
stück zu weit nach vorne zieht. Eine Not-
lösung ist, die Stirnriemenschlaufen nur
durch die Strupfen zu den Backenriemen
zu ziehen; eindeutig besser allerdings:
Besorgen Sie sich einen in der Länge passenden Stirnriemen!

① korrekt sitzende Scheuklappen
② falsche Blendriemengabelung
③ zu enger Abstand zu den Augen, der das
   Pferd behindert

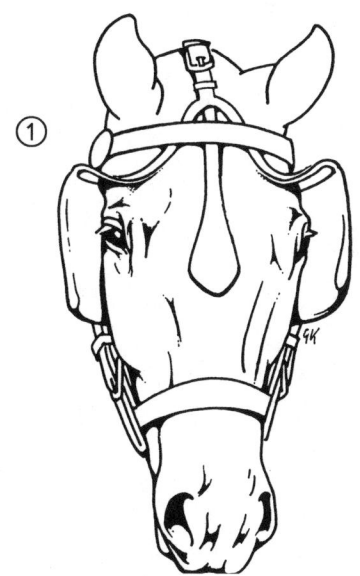

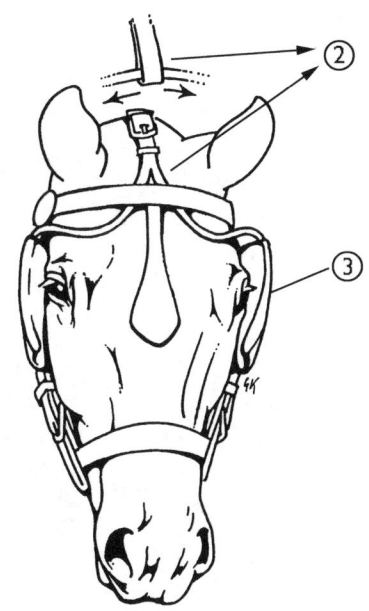

Ein besonderes Wort über die Scheuklappen

Der Sinn und Zweck der Scheuklappen (auch Scheuleder = halbe Scheuklappe genannt) ist, daß das Pferd den Peitschengebrauch nicht sieht, da der Blick nach hinten und zur Seite versperrt ist. Ohne diesen Schutz kann es sich visuell überallhin orientieren, es besteht aber so auch die Möglichkeit, daß es sich vor allem und jedem erschrickt.

Wichtig für den Einsatz der Scheuklappen ist, daß sie an der richtigen Stelle sitzen; das heißt, die Scheuklappen müssen in der richtigen Höhe verschnallt sein.

Als Regel gilt: Das Auge soll in der oberen Zweidrittellinie liegen, weil hier die größte Wölbung gegeben ist und dadurch keine Berührung mit den Wimpern möglich ist. Dies ist für das Pferd ausgesprochen störend (vor allem die Brillenträger unter uns Mensch werden dies bestens verstehen!). Sichere Folge fehlerhaft sitzender Scheuklappen ist ein sogenannter unruhiger Kopf, das Pferd empfindet eine besondere Irritation am Auge, oder aber die obere Ecke der Klappe bohrt sich schmerzhaft und scheuernd ins Schläfenbein.

Besonders Wimperndruck veranlaßt viele Pferde, durchzugehen. Verwenden Sie deshalb ausschließlich steife Blendrie-

Anspannung eines Viererzugpferdes: ① Leinenauge, durch das die Leine des Vorderpferdes gezogen wird. Die Leine sollte unterhalb der Scheuklappen verlaufen, um das Auge des Pferdes nicht zu stören. ② Leine ③ Gebiß ④ Leine des Vorderpferdes ⑤ Kopfstück

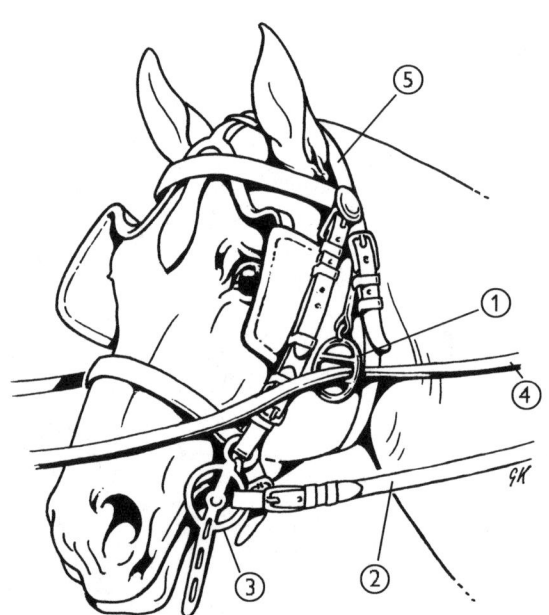

men, um einerseits die Blendkappen seitlich ausstellen zu können, zum anderen, um sie in dieser einmal verpaßten Form zu halten.

Nasenriemen

Der Nasenriemen erfüllt eine ebensowichtige Aufgabe: Er soll Durchlässe für die Gebiß-Schnallstrupfen haben, damit er nicht seitlich verrutschen kann, und sollte etwa 8 cm über dem oberen Nasenrand liegen. Dann liegt er auf dem knöchernen Teil des Nasenbeines auf. Er sollte ziemlich eng geschnallt sein, damit Backenstücke und Scheuklappen in ihrer Lage relativ fest am Kopf anliegen und die Lage des Gebisses im Maul fixiert wird.

Apropos Gebiß

Es sollte eigentlich selbstverständlich sein, daß das Gebiß die korrekte Breite besitzt, also weder zu eng ist, und damit in die Backenhaut oder Lefzen drückt, noch zu weit.

Ein Wort zum Gebißmaterial: Wie Pferdekenner wissen, kauen Pferde sehr gern auf Kupfer. Zwar ist dieses Kauen (Speichelbildung!), das auch eine gewisse Zufriedenheit und Leistungsbereitschaft unserer Vierbeiner ausdrückt, sehr erwünscht, aber Kupfer allein wäre viel zu weich, um die enormen Kaukräfte auf Dauer auszuhalten. Deshalb müssen stabilisierende Gießstoffe zusätzlich mit eingearbeitet werden, damit das Gebiß möglichst lange durchhält. Welche Stoffe in welchem prozentualen Mischungsverhältnis dazu benutzt werden, ist allerdings von keinem Hersteller genau zu erfahren!

Kammdeckel und Bauchgurt

Beachtung müssen Sie dem Kammdeckel mit den Bauchgurten und Oberblattstrupfen widmen. Die Kammdeckelkammer muß genügend Freiheit haben, um keinerlei Druck auf die Dornfortsätze auszuüben, und die richtige Länge des Schweifriemens muß das Verrutschen auf dem Widerrist verhindern.

Der große Bauchgurt muß relativ fest angezogen werden, um ein Verrutschen des Kammdeckels zu vermeiden. Richtig ist der Zwischenraum dann, wenn man die Fingerspitzen noch dahinterstecken kann. Allerdings sollte man das Pferd damit auch nicht »zusammenquetschen«.

① Kammdeckel mit Bauchgurt: ⓐ Aufsatzhaken ⓑ Leinenaugen ⓒ Bauchgurt
② Sellette: ⓐ Tragösen ⓑ »Sättelchen«

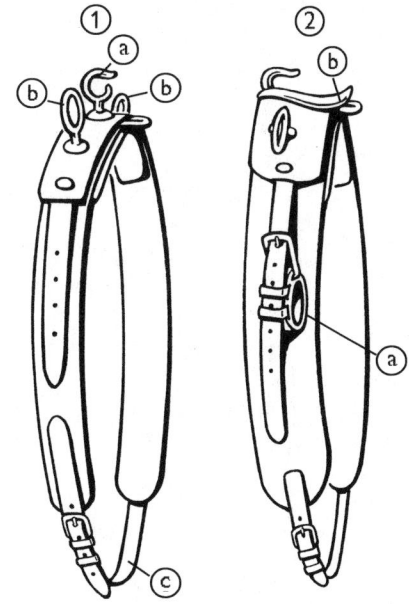

Ungebrochene Zuglinie

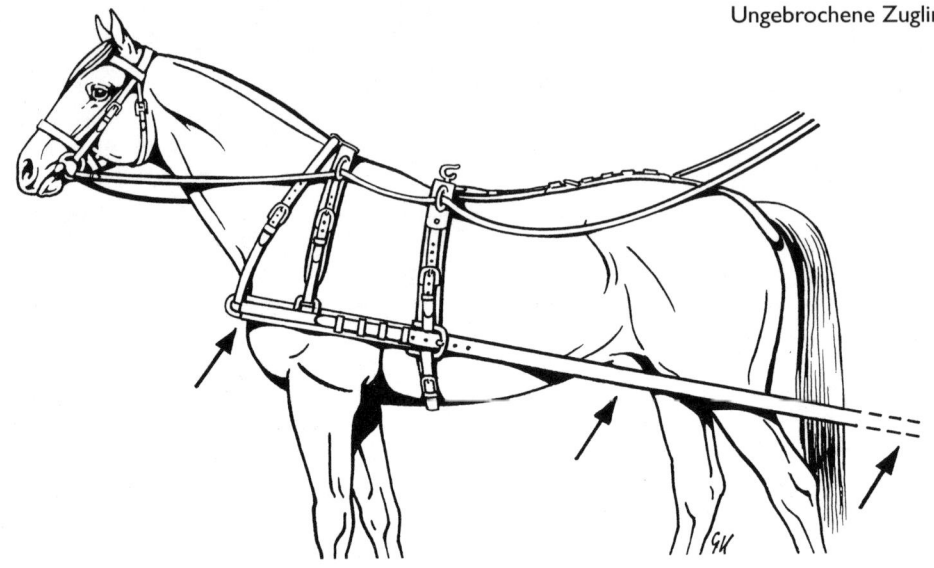

An diesen Stellen werden auch Muskeln beim Zug angespannt.

Der kleine Bauchgurt sollte der senkrecht gestellten Hand Platz bieten, damit im Zug die Zuglinie nicht beeinfluß werden kann.

Merke: Niemals mit unterbrochener oder abknickender Zuglinie fahren! Diese ungebrochene Zuglinie wird zum Beispiel durch zu kurz geschnallte Oberblattstrupfen gestört. Die Folge davon ist, daß die Zugkraft auf den Kammdeckel wirkt und damit auf den Rücken drückt. Dadurch kann das Pferd nicht seine volle Zugkraft entfalten, denn der nach unten wirkende Zug hindert es daran, den Rücken aufzuwölben.

Allerdings sollen sie sich im Zug wohl leicht (!) anheben und auf dem Oberblatt »lose« aufliegen.

Reinigung und Pflege

Leder

Vor allem bei starker Verschmutzung ist es nötig, das Geschirr in seine Einzelteile zu zerlegen und mit Sodawasser und etwas Schmierseife gründlich zu reinigen. Ist etwas Schwärze verlorengegangen, sollte es unbedingt in feuchtem Zustand nachgeschwärzt, mit Öl behandelt und in angetrocknetem Zustand mit einer Glanzpaste (glänzend und wasserabstoßend) eingerieben werden. Verwenden Sie immer ein gutes, durchraffiniertes Öl, das gänzlich ins Leder einziehen kann.

Fett sollte man dagegen aus der Pflege verbannen, weil es nicht so tief ins Leder eindringt und deshalb auch die Faserstrukturen des Leders nicht in allen Schichten beweglich halten kann. Des-

Aufbewahrung des Leders

Niemals das Geschirr, sprich das Leder, in der Nähe der Pferde aufbewahren! Im Pferdestall entsteht eine mit Ammoniak angereicherte Luft, die dem Leder arg zusetzt. Dies tritt in eher abgeschlossenen Pferdeställen naturgemäß noch stärker auf als in gut belüfteten.

Eine Regel zum Aufbewahren: Immer in separaten, gut belüfteten und nicht zu feuchten Räumen (50 bis 60 % Luftfeuchtigkeit) aufbewahren!

halb kommt es bei Belastungen häufig zu Brüchen. So urteilen jedenfalls einige Sattler heute!

Etwas differenzierter behandelte das vergangene Jahrhundert die Leder- beziehungsweise Geschirrpflege. Grundsätzlich war man der Meinung, daß das Geschirr nicht nur ständig mit Wasser gereinigt werden sollte, sondern danach auch immer »konservatorisch« behandelt werden mußte. Warum?

Ständig feucht oder naß werdendes Leder wird mit jedem Trocknungsvorgang immer härter, so daß es bald sehr unbequem für das Pferd wird, da es überall zu drücken beginnt und damit auch dem Pferd die Arbeitsleistung erschwert. Folgende Tips und Ratschläge sind auch heute noch empfehlenswert:

Man wäscht das Geschirr nach Gebrauch mit englischer Sattelseife mit einem Schwamm gründlich ab und reibt es mit einem Lederlappen trocken. Mit einer Schmierbürste wird anschließend eine Mischung aus Kammfett und Müllerschem Piperin aufgetragen, welches wiederum mit Sattelseife abgewaschen und mit einem Lederlappen nachgerieben wird. Dadurch erhält das Leder einen tiefschwarzen Glanz und bleibt immer weich und beweglich. Statt Kammfett wird auch Lanolin empfohlen. Von Lederlack dagegen wird abgeraten. Zwar entsteht sehr schnell beim Auftragen spiegelnder Glanz, aber er hält nicht sehr lange auf Leder, da er bei nasser Witterung abgespült wird und bei trockener sofort reißt und abbröckelt.

Verdeckpflege (Leder)

Alle acht Tage, so ein alter Rat, sollte das Lederverdeck mit etwas Olivenöl eingerieben werden, damit es nicht spröde wird. Sollten Sie Bedenken haben, können Sie das Verdeck auch mit einer Art Schmiere fetten, die Sie sogar selbst herstellen können:

Rezept

Man nehme 125 g geschabtes Wachs, das in 66 g Kienöl aufgelöst wird. Dieser Vorgang dauert etwa zwei Tage. Danach wird ein Pfund Schweinefett und etwas Kienruß hinzugesetzt. Das Ganze wird auf kleiner Flamme zusammengeschmolzen und zum Erkalten gründlich und ständig umgerührt. Die so entstandene Schmiere läßt sich mit einem Wollappen auftragen. Einziehen und abtrocknen lassen, anschließend mit einer Wichsbürste darüber fahren, bis das Leder wieder glänzt.

Pflegemittel

Zum Aufarbeiten und Polieren alten Leders empfehlen Fachleute *Flexolan*, welches gemäß der Gebrauchsanweisung auch das alte Leder wieder in neuem Glanze erstehen läßt.

Verlangen Sie als Lederpflegemittel ein Geschirrpflegemittel aus Pferdefett. Ja, Sie lesen richtig. Dieses Fett wird nach dem Schlachten aus dem Halskamm gewonnen und gilt unter Spezialisten und Insidern als Geheimtip!

Werden hellere Pferde gefahren, sollte man darauf achten, daß zur Glanzerhaltung eine Geschirrwichse verwendet wird, die bei Feuchtigkeit nicht abfärbt und so weder Pferde noch Hände (beim Auflegen des Geschirrs) verschmutzt.

Bei hellem Leder empfiehlt es sich, es mit angefeuchteter Sattelseife zu säubern und anschließend mit einem weichen, wollenen Lappen trockenzureiben. Eventuell können Sie auch eine Mischung aus 60 g gelbem Wachs und 14 cl Terpentin benutzen.

Die Leinen sollten Sie nie mit Sattelseife reinigen, da sie beim nächsten Regen unerträglich glatt werden können.

Schmutz mit wenig Wasser abwaschen, abtrocknen und dann mit Bohnerwachs pflegen!

Es gibt Geschirrhersteller, die nur deutsches Leder verarbeiten. Am besten eignen sich die Häute von Bergvieh der deutschen Alpen. Ein Grund dafür liegt darin, daß es weniger Hautverletzungen aufweist, weil zum Beispiel weniger Stacheldrahtzäune dort oben errichtet werden und keine Kettenabdrücke oder Liegefehler wie beim Stallvieh auftreten.

Der Ledernarben muß nach Möglichkeit absolut fehlerfrei sein. Beim Zaumleder werden gut gestellte Rinder-, Kuh- und Kalbinnenhäute, die englisch

---

Englische Wichse

Als Geschirrwichse war die sogenannte englische Wichse in Gebrauch. Hier ein **Rezept**, um sie selbst herzustellen: 30 g Schweineschmalz, 30 g Bienenwachs, 240 g Elfenbeinschwarz, 240 g Zucker, 120 g Leinsamen und 60–90 g Wasser.

Oder:

240 g Bienenwachs, 120 g Elfenbeinschwarz, 60 g Preußischblau, 60 g Terpentinspiritus, 30 g Kopallack (ein afrikanisches Harz des Kopalbaumes, löslich erst durch Ausschmelzen).

Zubereitung: Man schmilzt das Wachs, rührt die anderen Ingredienzien hinzu, rollt die Masse, wenn sie erkaltet ist, in Bälle und benutzt diese je nach Erfordernis.

Noch älter ist folgendes Rezept:

60 g Hammeltalg, 180 g Bienenwachs, 180 g Zucker, 60 g Schmierseife, 30 g gepulvertes Indigo (ältester pflanzlicher Farbstoff).

Ist alles zusammengeschmolzen und gut durchmischt, werden 120 g Terpentin hinzugefügt.

Diese Mittel verleihen dem Leder seinen gewünschten Glanz.

Fleckenmittel
Hellere Flecken lassen sich mit folgendem Mittel leicht entfernen:
Rezept:
30 g Oxalsäure in 1 l kochendem Wasser auflösen.

Allerdings ist diese Lösung giftig und muß mit äußerster Vorsicht benutzt werden! Wenn man zuviel von dieser Lösung aufträgt, wird das Leder angegriffen und geschädigt.

zugerichtet sind, benutzt. Das heißt, sie haben einen entsprechenden Fettgehalt, die Oberfläche ist gewachst, die Haut egalisiert.

Und noch ein Tip zum Leder: Sollten Sie in Erwägung ziehen, beispielsweise das Verdeck Ihrer Kutsche restaurieren, das heißt mit neuem Leder beziehen (lassen) zu wollen, achten Sie unbedingt auf das verarbeitete Leder! Gerade dieses Leder muß eine Längsstruktur aufweisen. Wenn man mit der Hand darüberfährt, spürt man feine, leichte, allerdings unregelmäßige Erhebungen. Diese kommen dadurch zustande, daß bei der Lederherstellung gerade dieses Leders Strohhalme in allen Längen in Längsrichtung in das Leder gedrückt werden und so nach der Trocknung die feinen Längsriefen hervorrufen.

»Ja«, werden Sie jetzt vielleicht sagen, »das ist aber doch ungeschickt, denn hier sammeln sich Staub und Schmutz, das glatte Leder läßt sich wesentlich besser

pflegen!« Das mag sein. Aber: Verlaufen diese angesprochenen Längsriefen vom höchsten Punkt des Verdeckes auf die rechte und linke Seite der Seitenteile, dann kann Regenwasser in **jedem** Fall ungehindert abfließen. Keine Wasserpfütze bleibt dann möglicherweise auf dem Dach stehen und führt so zur frühzeitigen Lederalterung!

Lackleder

Leider gibt es für die lackierten Geschirrteile kaum Möglichkeiten, sie aufzufrischen. Zwar kann man mit einem in Seifenwasser getauchten und wieder gut ausgedrückten Schwamm diese Teile abwischen, nachtrocknen und mit einem alten seidenen Tuch nachpolieren. Aber altes Lackleder frisch aufzulackieren lohnt sich nicht, wie oben schon erwähnt, da der Lack schlecht haftet und leicht brüchig wird. Besser ist es dann, die Lacklederteile neu beziehen zu lassen, wodurch

Knopfleder
Wissen Sie, was Knopfleder ist? Das ist kein Lederbezug für Knöpfe, sondern Polsterleder, das mit gekonnter Hand gefaltet wird, um daraus dann mit Hilfe von Knöpfen eine sogenannte

Knopflederpolsterung, wie sie früher meist Verwendung fand, erstellen zu können. Das ist eine ganz alte Handwerkskunst, die heute nur noch wenige Spezialisten beherrschen.

Hochglanz

Möchte jemand sein Geschirr polieren, gibt es auch hierzu ein bewährtes **Rezept:**

40–50 Anteile Alkohol, 40–50 Anteile Gerbstoffe, 2–3 Anteile Farbstoff (zum Beispiel Preußischblau oder Elfenbeinschwarz).

Der Farbstoff wird mit Öl verrieben, der Gerbstoff im Alkohol aufgelöst, und beide werden miteinander vermischt. Man kann auch Zucker oder Gummiarabikum beifügen und anstatt des Alkohols Wasser benutzen.

Oder man nehme:

40–50 Anteile Gerbstoff, 1–4 Anteile Farbholzextrakt, 2–4 Anteile Farbstoff, 1–3 Anteile Guttapercha (das ist ein kautschukähnliches Produkt, das durch Eintrocknen des Milchsaftes des Guttaperchabaumes gewonnen wird), 12–15 Anteile Fett oder Öl, 20–25 Anteile Wasser.

Das Guttapercha wird durch Kochen im Fett, der Farbstoff durch Wasser aufgelöst.

---

das gesamte Geschirr wieder ein frisches, sauberes und gepflegtes Äußeres erhält.

Gebiß

Trensen- und Kandarengebisse werden sofort nach Gebrauch ausgeschnallt, in Wasser gesteckt, abgetrocknet und, wenn sie aus Stahl sind, mit angefeuchtetem (Quarz-)Sand geputzt.

In jedem Stall, in dem blanke Stahlgebisse benutzt werden, sollte ein Eimer mit Sodawasser (3–4 Pfd. Soda in Wasser gelöst) stehen, in den man die Gebisse nach Gebrauch hineinlegen kann.

Beschläge

Für Silber- und Nickelbeschläge eignen sich Spiritus oder Schlämmkreide. Die im Handel üblichen Putzmittel sollten nur mit größter Zurückhaltung benutzt werden, da viele zu scharf sind und das Leder angreifen. Deshalb ein Tip: Legen Sie um die Metallteile Pappschablonen beim Putzen, damit das Leder nicht geschädigt wird!

Werden Metallteile nicht täglich benutzt, können Sie diese mit einem fettigen Lappen überstreichen, bevor Sie sie weghängen. Sollen sie beim nächsten Gebrauch wieder glänzen, so wird das Fett abgewischt und mit etwas Putzkalk nachgerieben.

Hat sich dennoch Rost gebildet, wird das Gebiß am besten mit Petroleum erneut eingeölt, der Rost kann sich lösen und wird anschließend mit feuchtem Sand herausgerieben. Schütten Sie dazu den Sand in einen kleinen starken Leinensack, legen Sie das Gebiß dazu, binden Sie dann den Sack zu, und arbeiten und reinigen Sie auf diese Weise das Gebiß mit dem Sand.

Knigge fährt mit

Der Sitz des Kutschers auf dem Bock

Wenn Sie sich heute auf so manchen Fahrturnieren umsehen und vor allem die Haltung der Fahrer beobachten, kann man entweder über die Verrohung der Sitten oder aber über die Stilvorschriften der Altvorderen erstaunt sein. Je nach dem, auf welcher Seite der Betrachter steht.

Wer es traditionell stilvoll wünscht, der sollte folgende Regelung beherzigen: Die Haltung des Kutschers soll eine möglichst gerade, elegante, aber nicht gezierte oder steife sein. Die Schultern befinden sich genau parallel zur Vorderachse des Wagens, die Arme sollen nicht ausgestreckt sein, sondern müssen sich leicht am Körper anschmiegen. Am gesamten Körper dürfen sich, kaum merklich, ausschließlich die Unterarme beziehungsweise Handgelenke bewegen, annehmend und nachgebend die Hilfen durch die Leinen, und zwar nicht durch eine harte Faust, sondern durch eine weiche und elastische Hand! Die Ellenbogen sollen leicht an den Hüften anliegen, damit die Hilfen korrekt gegeben werden können. So wird der Kutscher seine Pferde nach und nach mit Leichtigkeit daran gewöhnen, auf feinste Leinenhilfen zu gehorchen.

Viele Fahrer glauben, das »Elastische« sei darin zu suchen, daß sie bei jedem Schritt des Pferdes sich den Arm mit vorziehen lassen, was häufig beim Schritt in Erscheinung tritt!

In der unkorrekten Haltung des Ober-

Der Sitz des Fahrers

Der Fahrer soll auf dem Bock ungezwungen und natürlich gerade sitzen und die Ellbogen weder absperren noch anklemmen. Ellbogen und Schultergelenke müssen beweglich sein. Die linke Fahrerhand steht vor der Mitte des Körpers aufrecht und nicht verdeckt, die rechte Hand hält die Peitsche, die nach links vorwärts-aufwärts steht. Die Füße sind rechts herangestellt, die linke Schulter und Hüfte eine Nuance vorgenommen, das Kniegelenk gebogen und nicht nach hinten durchgedrückt. Ein weites Hintenüberlehnen beim Parieren oder weites Vornüberbeugen beim Nachgeben ist fehlerhaft, da beides aus beweglicher Schulter bei entsprechenden Griffen aus dem Ellbogengelenk heraus erfolgen soll!

körps kommen hauptsächlich zwei Fehlhaltungen vor: Das Nachvornbeugen, welches zwar für das korrekte Fahren nicht nachteilig ist, aber nicht schön aussieht. Die gegenteilige Körperhaltung, das zu starke Zurücklehnen, ist ebenfalls fehlerhaft. Beide Körperhaltungen verhindern eine sichere Führung und bieten nicht das notwendige Gleichgewicht, worauf es beim Sitzen auf dem Bock ankommt, um eine wirkliche Sicherheit in der Gespannführung zu garantieren.

Zur Körperhaltung des Kutschers gehören selbstverständlich auch die Beine: Gerade ausgestreckt, während das Gesäß an dem Keilkissen mehr hängt als auf demselben sitzt, stützen die Füße den Körper auf dem schrägen Teil des Spritzbrettes. Diese Haltung, welche auch für die Kraftentwicklung der Arme bei scharf in die Leinen gehenden Pferden besonders günstig ist, hat die neuere Kutschenentwicklung in eine Art Stuhlsitz verändert, indem das sich über den gesamten Bock erstreckende Keilkissen bedeutend erniedrigt wurde und die Füße auf den horizontalen Teil des Fußbrettes, die Unterschenkel senkrecht dazu, gestellt werden. Dies gilt aber nur für die Wagentypen Viktoria, Coupé und den Landauer! Manche Experten führen dafür an, daß dieser Sitz eine wesentlich weichere und lebendigere Faust ermöglicht als der oben erwähnte Sitz.

Gewöhnlich sitzt der Kutscher rechts auf dem Wagen, unter anderem deshalb, weil auf der rechten Seite die Bremse(n) mit Bremskurbel angebracht ist. Außerdem muß er zumindest so hoch sitzen, daß er über die Pferdeohren sehen kann!

Der Sitz des Beifahrers

Fährt nur ein Beifahrer mit, so hat dieser, falls es die Bauart des Wagens ermöglicht, hinten links zu sitzen, unter keinen Um-

Oben links: Korrekt gekleidete Beifahrerin, die während der Siegerehrung nach einem Turnier am Kopf der Pferde stehen soll. Der Zylinder ist ein Damenzylinder, die Livree ist mit sechs Knöpfen versehen (im Gegensatz zu vier Knöpfen an der Kutscherlivree), und die Stiefel haben einen naturbraunen Stulpen am oberen Rand. Auch die Farbzusammenstellung entspricht den Achenbachschen Regeln.
Oben rechts: Fahrer und Beifahrer in absolut stilechter, vorschriftsmäßiger Kleidung. Hier sind die kleidungsspezifischen Unterschiede deutlich zu erkennen: Die Livree des Beifahrers ist auffallend kürzer, ohne Patten und mit sechs Knöpfen versehen. Die Fahrerlivree reicht über die Knie, hat vier Knöpfe und aufgesetzte Patten.

Unten links: Die Livree wird vorn mit sechs Knöpfen geschlossen. Darunter trägt der Fahrer eine blauweiß längsgestreifte, mit fünf Knöpfen zu schließende Weste, die ca. 2 cm unter dem Kragenrand der Livree hinaus sichtbar sein muß. Auch die links am Zylinder angebrachte Kokarde gehört zu den Stilvorschriften.
Unten rechts: Korrekter Sitz auf dem Kutschbock: In der rechten Hand die schräg aufwärts gestellte Peitsche, in der linken die Leinen, Schultern und Oberkörper in gerader, aufrechter Haltung. Die Bockdecke, die in diesem Fall übrigens farblich sehr gut zum gesamten Gespann paßt, erreicht die Waden und entspricht somit der vorgeschriebenen Länge. Die Beine sind nahezu gerade gestreckt.

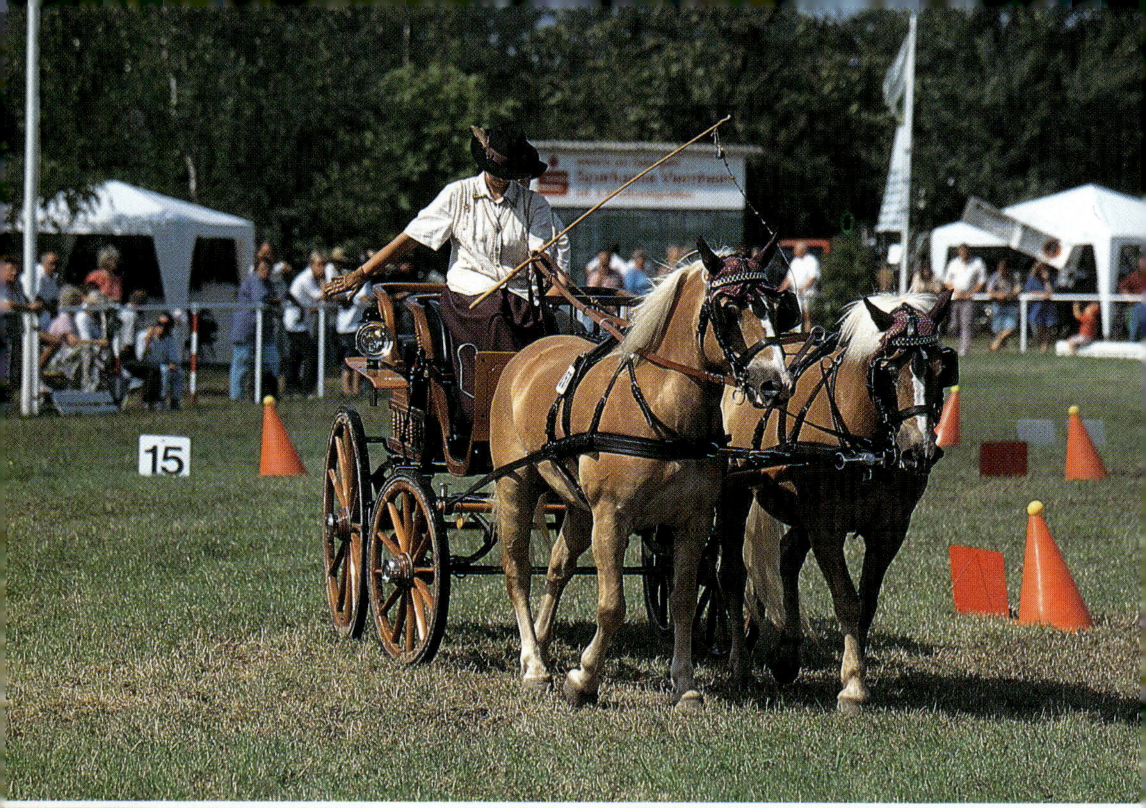
15

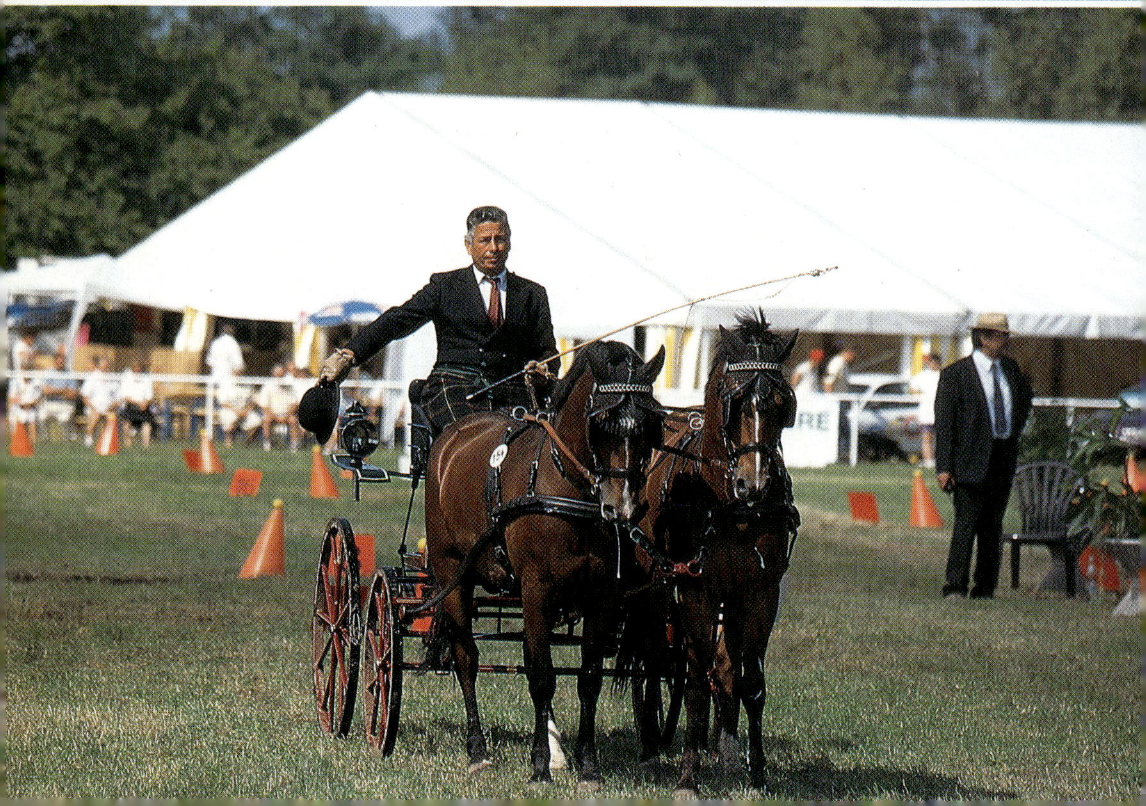

ständen neben dem Fahrer, weil er von dort während der Fahrt nur schlecht absteigen und gar nicht mehr aufsteigen kann. Er sitzt »in dienstlicher Haltung«. Wissen Sie, was das heißt?

Benno von Achenbach schreibt dazu: »Die Rockschöße ordnungsgemäß, so daß sie hinten über der weißen (Leder-) Hose glatt übereinander liegen; die Hände ruhen auf den Oberschenkeln, die Fingerspitzen einander zugeneigt.« (Benno von Achenbach, *Anspannen und Fahren*, 5. Aufl. Aachen 1988, S. 59) Die Oberkörperhaltung ist der des Kutschers ähnlich, allerdings stehen die Unterschenkel im rechten Winkel zu den Oberschenkeln. In keinem Fall hat er sich zu bewegen, auch nicht nachzuschauen, ob zum Beispiel beim Hindernis-, sprich Kegelfahren, die abwerfbaren gelben Bälle auf den Kegeln liegengeblieben sind oder mit Schulterklopfen dem Fahrer seine Begeisterung über die gelungene Prüfung mitzuteilen!

Links oben: So schlicht und einfach darf das Grüßen sein: Eine Fahrerin mit ihrem Haflingerzweispänner grüßt vorschriftsmäßig in Richtung Richterturm zu Beginn ihrer Hindernisfahrt während eines Turniers. Kurzes Nicken mit dem Kopf bei gleichzeitigem Seitwärtsführen des gestreckten Armes. Die Leinen und die Peitsche müssen in die linke Hand übergeben werden.
Unten: Das Grüßen des Fahrers. Er muß die Kopfbedeckung mit der rechten Hand abnehmen und diese so geschickt mit gestrecktem Arm zu seiner rechten Seite drehen, daß kein Richter vom Turm aus in die Kopfbedeckung hineinsehen kann.

Peitschen und Peitschenführung

Der stilbewußte Fahrer legt auf eine exakte und elegante Peitschenführung besonderen Wert. Die Peitschenhilfen sind in gekonntem Schwung des Bogens, das heißt nicht zu kurz, hastig und schlagend, sondern weich und ziehend zu geben. Zum Strafen sind die Peitschen nicht gedacht! Ist dies im Ausnahmefall nicht zu vermeiden, so sollte dennoch die Peitschenführung nicht eines gewissen »Chics« entbehren, und schon gar nicht darf sie zu einem Prügeln von oben nach unten ausarten! Wenn überhaupt nötig, sind Peitschenhiebe dem Pferd nur am Schulterblatt zu erteilen. Schlagen Sie die Pferde zwischen die Hinterbeine oder auf die Kruppe, macht es sie nur zu Schlägern!

Hilfen sind ausschließlich je nach Bedarf auf die Rippen kurz hinter dem Kammdeckel zu geben, und zwar durch eine streichende, von unten nach oben gezogene Bewegung. Auf keinen Fall darf man mit der Peitsche nach Hals und Kopf schlagen, wenn die Wirkung auf Hinterteil und Rippen nicht mehr genügend erscheint. Durch diese Unsitte kann man sehr oft das Auge des Pferdes treffen und verletzen!

Peitschen

Der »Mercedes« unter den Peitschen ist die sogenannte Schwarzdornpeitsche. Sie ist aus dem Holz des Schwarzdorns gefertigt, der – ist er regelmäßig gewachsen – gleichförmig geästelt erscheint, das heißt, die Astaugen folgen von oben nach unten in nahezu gleichmäßigen Abständen. Das hat den Vorteil, daß der Peitschenschlag, also das bewegliche Ende einer jeden Peitsche, sich sehr schön um den Stock wickeln und auch schnell wieder abwickeln läßt und dadurch einen ordentlichen Halt bekommt. Gerade der Schwarzdorn bietet die außerordentliche Möglichkeit einer gewissen Stabilität, einer elastischen, aber nicht allzu stark nachwippenden Spitze, was für den Einsatz als Peitsche nachteilig wäre.

Will es der Kunde nicht ganz so nobel und auch nicht so teuer, dann kann er auf Fahrpeitschen aus Manilarohr (bis zu einer Länge von etwa 1,6 m) oder Sulgenholz zurückgreifen, welches bis zu einer Länge von 1,8 m angeboten wird. Eine Länge, die bei Großpferden im Gespann benötigt wird.

Ist die Bogenpeitsche erstklassig verarbeitet, liegt sie hervorragend in der Hand und ist ebensogut zu handhaben.

Wie bei allen Naturstoffen gibt es einen Nachteil: Man kann nicht in die Holzstruktur hineinsehen, man weiß

Peitsche aufwerfen. Von Ⓐ nach Ⓒ führt man eine S-förmige Bewegung aus, erst abwärts, dann aufwärts, dann unter Drehen des Handgelenkes ab Ⓑ etwas beschleunigen und dann bei Ⓒ abrupt stoppen, bis sich der Schlag um den Stock gewickelt hat.

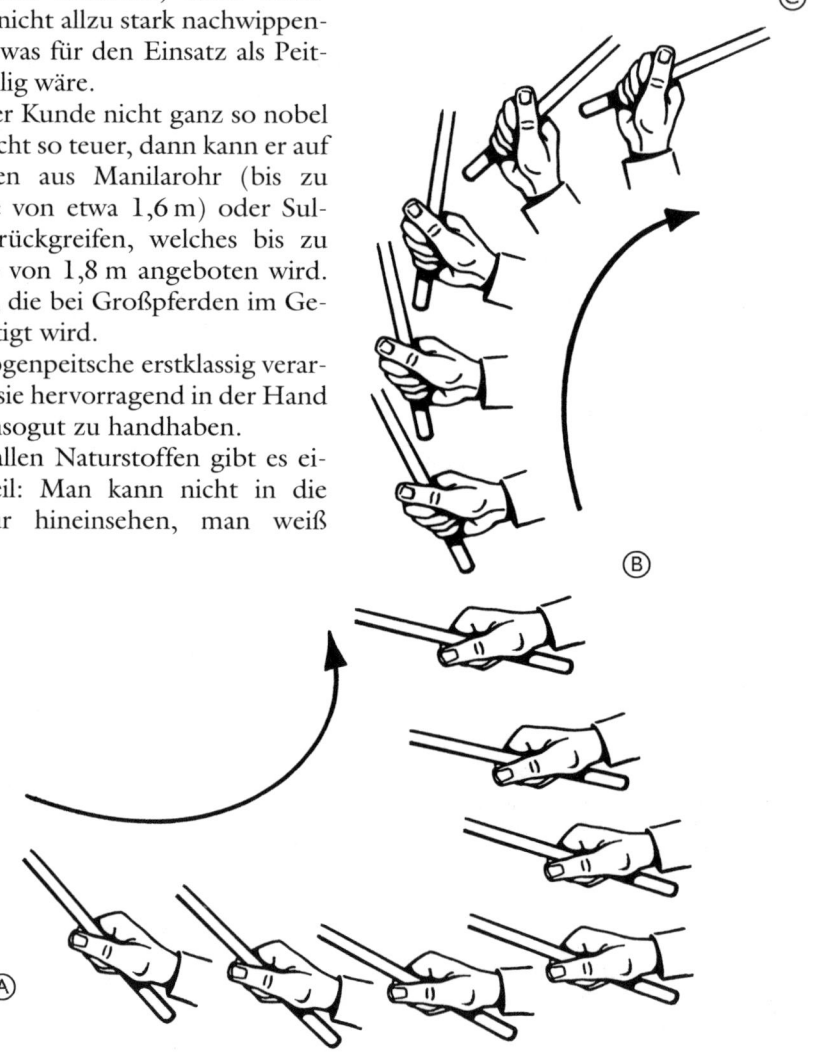

Oben: Beginn, unten: aufgeworfene Peitsche

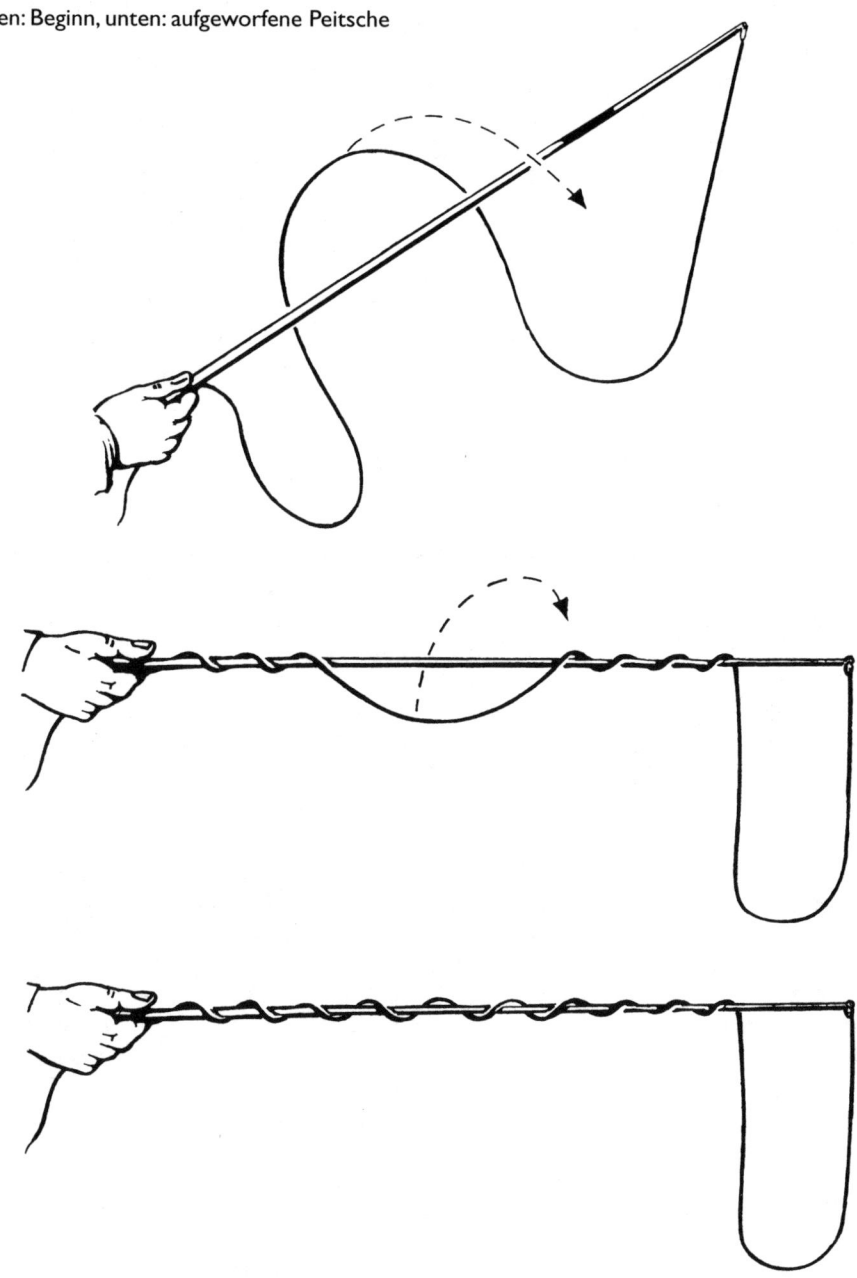

nicht, was im Holz steckt, so daß auch bei bester Qualitätskontrolle nicht ganz auszuschließen ist, daß eine solche Peitsche schon nach ein oder zwei Jahren wegen ungünstiger Holzstrukturen bricht. Eine geniale Erfindung war in dieser Hinsicht der Peitschenstock aus Fiberglas. Allerdings wird er wegen des doch deutlich größeren Gewichtes nur sehr ungern gewählt.

Noch leichter als Holz ist Carbonfaserlaminat. Wer ernsthafte Probleme mit dem Gewicht der Peitsche im rechten Handgelenk bekommen sollte, dem sei eine solche Peitsche dringend empfohlen. Ein absolutes Federgewicht und eine Wohltat für das Handgelenk!

Zur Schonung des Peitschenbogens sollte die Peitsche immer auf einen Peitschenträger, ein rundes eingekerbtes Holzgerät, gehängt werden. Dieses Gerät hilft außerdem, den Stock in gerader Form zu halten. Also, die Peitsche(n) niemals achtlos in die Ecke stellen, sondern an diesem Peitschenhalter aufhängen. Dann hat man zwei Fliegen mit einer Klappe geschlagen!

Sollte dennoch ein Stock einmal krumm geworden sein im Laufe seines hoffentlich langen Lebens, dann kann er vom Fachmann gerichtet werden. Allerdings wird dies immer auf Kosten des Schwungs der Peitsche gehen, sie wird damit insgesamt wertloser.

Peitschenführung

Die Peitsche wird immer in der rechten Hand gehalten und zeigt vom Kutscher aus gesehen leicht ansteigend nach vorn links. Die Peitschenbewegung erfolgt immer aus dieser Hand, ohne Abspreizen des Armes, und wird möglichst nur aus

beziehungsweise mit dem Handgelenk ausgeführt. Die Drehungen des Handgelenkes sind demnach kreisförmig nach rechts oder links. Unter Umständen erfordert nur eine nach der Schulter des oder der Pferde gerichtete Peitschenhilfe eine leichte Streckung des Armes. Je eleganter die Peitschenhilfe gegeben wird, um so vornehmer ist der Eindruck des Fahrers. Denken Sie immer daran: Die Peitsche hat als animierendes Hilfsmittel des Fahrers die Aufgabe zu erfüllen, die beim Reiter Schenkel und Sporen leisten. Eingeschlossen, Nachgiebigkeit gegen die Leinen zu bewirken und zu erhalten. Bei nachgebender Hand wirkt die Peitsche vortreibend, bei gegenhaltender Hand bewirkt sie Nachgiebigkeit beim Pferd und ein Herantreten an die Leinen. Auf jeden Fall sollten Sie das Knallen der Peitsche vermeiden!

Kleidung

Farben

Weltberühmte Hersteller in Sachen Kleidung und Geschirren monieren aller Orten die viel zu bunte, um jeden Preis auffallende Kleidung und die riesigen Kopfbedeckungen mancher Fahrerinnen. Immer wieder weisen sie darauf hin, daß die Fahrer und Fahrerinnen eine gute, elegante, in den Farben schlicht gehaltene Kleidung tragen sollten und ein Fingerspitzengefühl für ihre Kleidung und die ausgewählten Farben entwickeln. Dabei wird den Farben Schwarz, Grau, Weiß, Dunkelblau und -grün sowie Braun der Vorzug gegeben.

Farbregelungen zur stilvollen Kleidung: Schwarze Livree paßt zu blaumem

Kleiderordnung

Fahrerinnen und Fahrer sollten bemüht sein, dezente, schlichte Kleidung einschließlich der Kopfbedeckungen zu bevorzugen. Dazu gehört auch die Wahl der Farbzusammenstellungen, die, dem Stil des Fahrens angepaßt, geschmackvoll gewählt sein sollten. Entscheidet sich der Fahrer für eine traditionelle Bekleidung mit den entsprechenden Farben, dann sollte wirklich alles am Wagen, an den Pferden und auch bei den Mitfahrern dieser Tradition angepaßt sein und entsprechen. Fehlt das notwendige Kleingeld, können auch einfachere, farblich abgestimmte Bekleidungen, Wagen und Geschirr eingesetzt werden. Entscheidend ist das harmonische Erscheinungsbild, nicht das kostspielige Prachtgeschirr!

und grünem Wagenpolster; blaue Livree nur zu dunkelblauem Polster. Grüne Livree eignet sich nur zu grünem Polster und braune Livree nur zu braunem Polster. Hellblau, Hellgrün und Rot sind nur zur Gala geeignet. Livreemäntel dürfen Samtkragen haben; bei Sommerröcken sind diese Kragen allerdings unerwünscht, da die Regenmäntelaufhänger oder -kettchen sie beim ersten Tragen verderben würden. Ansonsten kann man folgende Farben kombinieren: Schwarze Mäntel: rote, hellblaue, grüne oder gelbe Kragen. Blaue Mäntel: keine braunen und grünen Kragen. Grüne Mäntel: keine blauen und braunen Kragen, und braune Mäntel: rote oder gelbe Kragen.

Kopfbedeckung

Ein Dorn im Auge eines jeden Liebhabers der traditionsbewußten Fahrkultur ist die Tatsache, daß immer häufiger Fahrer keine Kopfbedeckung tragen. Das muß nicht immer ein Zylinder sein, es tut auch eine Schirmmütze oder ein einfacher Hut. Aber zum Kutschfahren gehört immer – für (Bei-)Fahrerinnen und (Bei-)Fahrer – eine Kopfbedeckung!

Niemals gehört auf eine Kopfbedeckung eine Plastiktüte als Regenschutz! Wenn sie einen festen Unterbau besitzt (wie bei allen qualitätvollen Hüten und Zylindern), ist dies absolut überflüssig, da sie nach dem Trocknen mit einer feinen Drahtbürste (!) mit dem Strich gebürstet und, wenn nötig, vom Spezialisten wieder in ihre ursprüngliche Form gebracht werden kann. Dieses gilt aber nur für den geschorenen oder ungeschorenen Hasenhaarfilz, nicht für Billigfilz, den auch nur ein Bürstenstrich zumindest an den Kanten unansehnlich werden ließe.

Verpönt ist es ebenso, den Sitz des Zylinders in einem Spiegel zu überprüfen. Und es geht auch ohne: Man nimmt den Hut oder Zylinder zwischen Daumen und Zeigefinger ziemlich weit hinten an der Krempe, setzt die Kopfbedeckung auf den Kopf und zieht sie so weit über die Augenbrauen, bis der Daumen diese berührt. So hat nun der Zylinder einen exakten, perfekten Sitz etwa eine Daumenbreite über den Augenbrauen. Auch ohne Spiegel!

Warum nur schauen wir immer nach England, wenn es um die Fahr- oder Kleidungskultur beziehungsweise Fahretikette geht? Jedes Land in Europa, ja sogar viele Landstriche innerhalb eines Landes haben ihren ureigensten Stil entwickelt und vertreten. Und daran sollte man sich heute orientieren. In Süddeutschland kleidete man sich eben anders als in Holland oder in Südfrankreich.

Einen altdeutschen Zylinder erkennt man an seiner Höhe von 14–15 cm, wobei er vorn und hinten etwa einen Zentimeter höher ist als an den Seiten. Dadurch kann die Krempe besser in Form gebracht und in dieser auch Jahre gehalten werden.

Damenzylinder werden etwa 2–3 cm niedriger gefertigt, bei ansonsten gleichem Aussehen. Die Herrenzylinder dürfen eine aus schwarzem Lackleder gearbeitete Kokarde auf der linken Seite tragen. Bunte Kokarden in den Landesfarben sind nur bei Kutscherlivrees der Gesandten erlaubt. Vor 1945 allerdings gab es keine Fahrzylinder für Damen, denn die hatten vorn auf dem Bock nun wirklich nichts zu suchen! Sie durften – heute würden wir sagen mußten – hinten Platz nehmen und wurden immer nur gefahren. Alles andere war unschicklich!

Der gut gebaute, das heißt mit Unterbau versehene Zylinder behält seine Form, auch bei stärkstem Regen. Wird der Zylinder oder eine andere Kopfbedeckung naß, so sollten diese schräg nach unten zum Trocknen aufgehängt werden. So kann das Wasser ungehindert ablaufen, und es bilden sich auch keine Kränze oder Wasserflecken.

Livree

Ist die Anschaffung und tadellose Haltung der Livreen zu kostspielig, sollte der Kutscher sich und seine Beifahrer in der sogenannten Landbekleidung herausbringen: Schwarzer steifer, runder Filzhut ohne Kokarde, einreihige Jacke (früher Joppe) und lange Hose oder Stiefelhose von gleichem dunkelpfefferfarbenem oder dunkelgrauem sogenannten Whipcord oder Covercoatstoff, allerdings nie mit Hirschgeweihknöpfen kombiniert. Statt langer Hose kann auch eine Stiefelhose mit ledernen Gamaschen und Schnürstiefeln kombiniert werden. Der Rock hat einen Schlitz hinten oder zwei an den Seiten.

Wer es dagegen historisch stilvoll will, für den gilt folgendes: Der Kutscher trägt einen einreihigen Rock, bei vorn kurzer Taille sechs Knöpfe, hinten vier (zwei oben, zwei unten oder auf den Faltenleisten), und Patten (Taschenklappen) auf den Hüften. Der Rock muß die Knie freilassen. Als Stoff sollte mattes schwarzes Tuch verwendet werden. Die Futterfarbe ist stets in Rockfarbe zu wählen. Die Livree des zweiten Kutschers (Stallmannes) ist ähnlich der des Kutschers, allerdings ohne Patten. Sie endet ebenfalls über den Knien und hat vorn und hinten je sechs Knöpfe.

Der Livreemantel hat die gleiche Farbe wie der Rock, ist zweireihig und hat fest angenähte Knöpfe.

Hemd und Bluse, Schlips und Nadel

In früheren Zeiten waren für den Kutscher ein weißer Stehkragen mit abgestumpften Ecken und als Halstuch ein ebenfalls weißes Plastron vorgeschrieben, welches mit einer Tuchnadel zusammengehalten wurde. Dazu wurde eine weiße Deckkrawatte vorgeschrieben. Darüber trug man eine quergestreifte

Weste, die allerdings wegen des zugeknöpften Rockes nicht sichtbar war. Heute wird eine weißschwarz oder gelbschwarz senkrecht gestreifte Ärmelweste gern gesehen; dazu trägt der Kutscher ein weißes Hemd mit passendem Schlips (Selbstbinder).

In den 60er und 70er Jahren kontrollierten die Richter während einer Gespannkontrolle immer auch die Innenseite des Hemdkragens. Und wehe, es zeigte sich der berühmt-berüchtigte schwarze Kragenrand! Das gab Punktabzüge!

Dasselbe galt für verschmutzte Hemdsärmel. Fahrer wie Beifahrer waren pingelig bemüht, alles, aber auch wirklich alles, in bester Ordnung und Sauberkeit vorzuführen: die Pferde, die Geschirre, den Wagen, die Kleidung. All dies wurde von vorn, von der Seite und von hinten begutachtet und bepunktet.

Handschuhe

Die Handschuhe müssen aus ungefärbtem Naturleder gefertigt sein. Wie sähe der graue Anzug oder die Leine mit der Zeit aus, wenn die Handschuhe, mit welcher Farbe auch immer, eingefärbt wären?! Außerdem sollte man darauf achten, daß sie von außen und nicht von innen genäht sind, da jene Naht wesentlich langlebiger ist.

Hose

Früher waren nicht zu eng anliegende, aber keinesfalls zu viele Falten werfende, aus weißem Leder gefertigte Hosen vorgesehen, nie mit Schlitz, sondern immer mit Klappe. Allerdings mußte darauf geachtet werden, daß sie nicht zu eng angepaßt waren, da sie nach der ersten Wäsche

einliefen. Ein Pflegetip für derartige Lederhosen: Das Leder mit einer dünnen Lösung von Gummiarabikum bestreichen. Das verhindert das Einlaufen ein wenig, ebenso wie Abfärben und verleiht überdies dem Leder einen gewissen Glanz.

Lange Hosen waren nur beim sogenannten kleinen Dienst erlaubt, das heißt, wenn die Hohen Herrschaften nicht mitfuhren.

Schuhe und Stiefel

Die Schuhe sollten immer schwarze Jodhpurstiefel sein, oder, wenn es ganz stilvoll sein soll, schwarze Lederstiefel mit einem etwa 15–20 cm breiten naturbraunen Stulpen am oberen Stiefelrand.

Warum Naturbraun? Der Grund ist ganz einfach: Der Kutscher stößt immer mit seinen Stiefeln auf dem Bocksitz gegen das Sitzkissen, welches dann eben durch einen schwarzen Rand am Stiefelende verschmutzt und eingeschwärzt würde. Durch den naturfarbenen Stulpen wird das verhindert.

Außerdem sollen die Stiefel eng anliegen, damit sie keine unschönen Falten werfen.

Socken und Strümpfe

Fahrer und Beifahrer wurden in der Gespannkontrolle auch auf die Farbe der Socken hin geprüft. Ein bekannter Tandemrichter rief erschrocken aus, als er einen Fahrer erwischte, der zu einem grauen Anzug weiße (!) Socken trug: »Aber mein Herr, wissen Sie nicht, daß die Socke immer eine Nuance dunkler sein muß als die Farbe des von Ihnen getragenen Anzuges?«

Taschentuch

In der vorgeschriebenen Gespannkontrolle wurden selbstverständlich Wagen, Geschirr, Pferde und Kleidung beurteilt. In den 60er und 70er Jahren fragten die Richter Fahrer und Beifahrer häufiger auch nach einem Taschentuch, welches meist ordentlich zusammengefaltet griffbereit in der linken Brusttasche aufbewahrt wurde. So konnten die Gefragten möglichst schnell, also ohne eine Tasche aufknöpfen zu müssen, den gefragten Gegenstand ohne Probleme und lange Sucherei vorzeigen. Die Farbe spielte keine bedeutende Rolle, gewünscht war allerdings Weiß.

Bockdecke

Die Bockdecke, welche um den Bauch geschnürt wird und bis zu den Waden reichen soll, sollte in der klassischen Bockkleidung immer schwarz beziehungsweise in der Livreefarbe sein, aus Leder und einem guten Fütterungsstoff auf der Innenseite bestehen. Seit einiger Zeit sind aber auch Stoffdecken erlaubt. Allzu große Wolldecken, die bis zu den Füßen hinunterreichen, um den Unterkörper geschlungen und mit einem Lederriemen um den Bauch geschnallt sind, sind absolut tabu! Sie könnten den Fahrer beim heutigen Leistungssport im Fall einer Gefahr wie einem Umkippen des Wagens oder einem Sturz in ganz gefährliche Situationen bringen! Wie der Name schon sagt: Die Bockdecke gehört auf den Bock und nicht zum Anzug des Fahrers.

Es ist ebenfalls zu unterlassen, mit umgeschnallter Bockdecke den Parcours zu begehen! Beim Begehen des Hindernis-parcours während eines Turniers sollte man sie immer einfach zusammengelegt auf dem Bocksitz lassen.

Haarlänge

Den Achenbachschen Regeln zufolge sollten die Haare des Kutschers immer militärisch kurz geschnitten sein. Es durfte außer einem bis zur Höhe des Ohrläppchens reichender Backenbart kein anderer Bart getragen werden. Ein Schnurrbart war nur ungarischen Kutschern vorbehalten, und auch nur dann, wenn das von ihnen gefahrene Gespann ungarischen Charakter trug.

Grüßen

Das Grüßen der Fahrerin

Der Gruß der Fahrerin auf dem Bock, die mit hoch erhobenem rechten Arm die Peitsche den Richtern entgegenstreckt (übrigens in Bad König erfunden), entspricht eigentlich weniger der Eleganz einer Dame als dem kollegialen Gruß eines Bierkutschers auf der Straße.

Warum sollte der Gruß der Dame auf dem Bock vor den Richtern nicht auch so ausgeführt werden, wie es die Dame im Olympiafrack auf dem Viereck tut?

Also, nochmals zur Wiederholung: Leinen und Peitsche in die linke Hand, rechter Arm nach unten gesenkt und ein charmantes Nicken mit dem Kopf zu den Richtern. Das zeugt von damenhafter Eleganz, alles andere wirkt unschön.

Das Grüßen des Fahrers

Kutscher und Diener beziehungsweise Beifahrer durften früher nur auf unbesetzten Wagen grüßen, und zwar ausschließlich durch Ergreifen der Hutkrempe mit der rechten Hand, genauer mit Daumen und Zeigefinger! Keinesfalls aber bestand der Gruß in militärischem Stillsitzen oder Abnehmen der Kopfbedeckung! Fährt der Herr (heute meist der Fahrer des Gespanns auf Turnieren), von seinen Beifahrern oft auch liebevoll »Chef« genannt, selbst, dann hat zumindest der Ungeübte oft Mühe, Leinen und Peitsche in die linke Hand zu bekommen und die rechte frei zu haben, um zum Gruß die Kopfbedeckung abzunehmen. Benno von Achenbach verglich Fahrer, die die Kopfbedeckung zum Grüßen nicht abnehmen konnten, mit »Greisen auf dem Dach«!

Die rechte Hand zum Grüßen frei zu bekommen erfordert ein wenig Geschick und sollte immer wieder geübt werden. Denn auch bei einer Notfallsituation, in der der Fahrer die Bremse betätigen muß, ist es unerläßlich, die rechte Hand zum Bremsen ungehindert zur Verfügung zu haben. Dabei wird die Peitsche unter den linken Daumen genommen, die Leinen werden dann ausschließlich mit der linken Hand gehalten.

Nur dem Herrn war es im übrigen erlaubt, den Hut zu lüften! Dies ist auch heute noch so: Nur der Fahrer darf auf diese Art und Weise grüßen, der oder die Beifahrer müssen in aufrechter Körperhaltung möglichst regungslos verharren!

Etikettenregeln bei der Gespannzusammenstellung

Immer häufiger werden unterwegs verschiedene Gespanne angetroffen, die oft »nur« freizeitmäßig fahren. Dennoch sollte dies Anlaß sein, ein wenig über das Gesamterscheinungsbild eines solchen Gespannes nachzudenken, ganz gleich, ob nun ein- oder mehrspännig gefahren wird.

Eine wichtige Grundregel besagt: Die Plattierung, das heißt, die farbliche Absetzung des Wagens und des Geschirrs, muß einheitlich sein! Ist der Wagen beispielsweise gelb plattiert, so muß das Geschirr ebenfalls gelbe Beschläge aufweisen, genauso wie Stirnbänder, die Kokarde und die Schabracken. Ganz besonders stilecht und elegant ist dies bei hellen Pferden, während zu schwarzen oder zumindest dunklen Pferden eher die weiße Plattierung mit dem entsprechenden weißen Zubehör paßt.

Die Livree darf auf keinen Fall aus dem farblichen Rahmen fallen, wobei dunklere Farben bevorzugt werden sollten. Im übrigen gelten die im Kapitel über die Bekleidungsfarben gegebenen Farbkombinationen. Lediglich größere oder fürstliche Fahrställe tragen als Livreefarbe häufig die Wappenfarbe.

Besonderes Augenmerk sollten Sie bei der Auswahl der Pferde auf den Wagen richten. Sie müssen in jedem Fall zur Größe des Wagens passen: Vor einen Landauer, eine schwere Viktoria oder ein Coupé gehören große Pferde von etwa gleichem Temperament und möglichst gleicher Fellfarbe, die allerdings nicht so wichtig ist, wenn Gang, Temperament, Höhe und Kopfhaltung bei allen Pferden

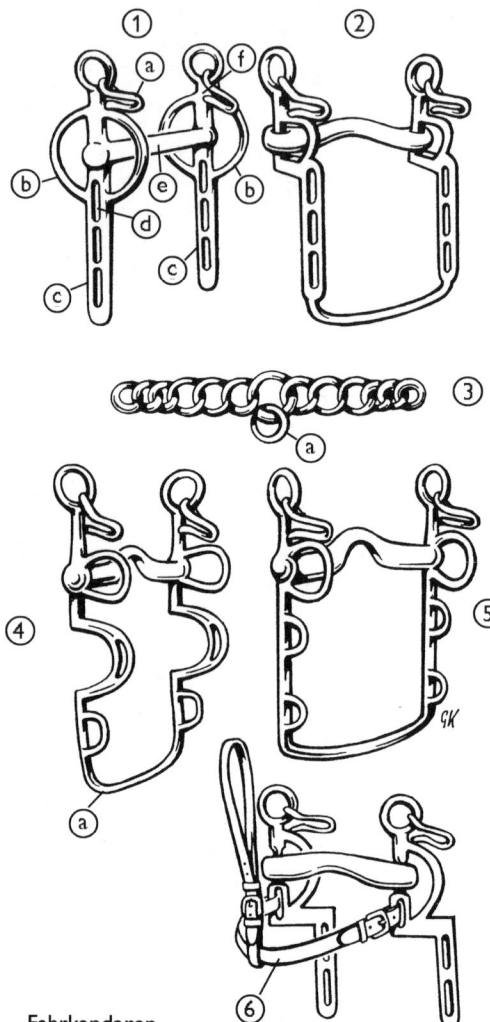

Fahrkandaren
① Liverpoolkandare mit gerader Stange:
ⓐ Kinnkettenhaken ⓑ Schaumringe ⓒ
Kandarenanzüge ⓓ Schlitze ⓔ gerade Stange
ⓕ Oberbaum. Das Pferd hat keine Zungenfreiheit.
② Ellbogenkandare
③ Kinnkette mit ⓐ Scherring
④ Buxtonkandare mit ⓐ Schaumbügel. Große Zungenfreiheit
⑤ Tilburykandare. Große Zungenfreiheit
⑥ Pullerriemchen

im Gespann gleich sind. Fuchs und Schimmel, Rappe und Schimmel oder auch Fuchs wurden früher – wenn es nicht anders möglich war – gern kombiniert. Die Etikettenregeln sagen allerdings etwas anderes: Kombiniere nie Hell- und Dunkelbraun, Rappen und Hellbraune, Füchse und Braune!

Dem Luxus eines Pferdegeschirrs sind – je nach Geldbeutel – keine Grenzen gesetzt. Doch auch hier gilt: Das gut gearbeitete, schlichte, nicht protzig wirkende Geschirr läßt die Schönheit Ihrer Pferde wesentlich deutlicher hervortreten.

Wenn es um Ihr Monogramm geht, das entweder in Silber oder in Messing gehalten sein sollte, je nachdem welche Metallfarbe ansonsten am Geschirr verwendet wurde, so können Sie dieses an folgenden Teilen anbringen: auf dem Spieler, den Scheuklappen, den Stirnrosetten, den Brustriemen, dem Kammdeckel oder/und dem Rückenriemen, falls vorhanden. Der Stirnriemen ist meist mit einer soliden, breiten Silber- oder Messingkette geschmückt.

Die Lederteile an feinen Geschirren werden mit Vorliebe in Schwarz gehalten, obwohl in den letzten Jahren auch verschiedene Brauntöne mit goldfarbenen Beschlägen ihre Freunde gefunden haben.

Die Kandare

Grundsätzlich sollte man beim Verpassen des Gebisses darauf achten, daß es gut im Pferdemaul liegt und die Kinnkette in der Grube liegenbleibt.

Es gab früher drei erlaubte Formen der Kandare: Die Buxton-, die Liverpool- und die Ellbogenkandare. Der Einsatz dieser verschiedenen Gebisse hängt ab

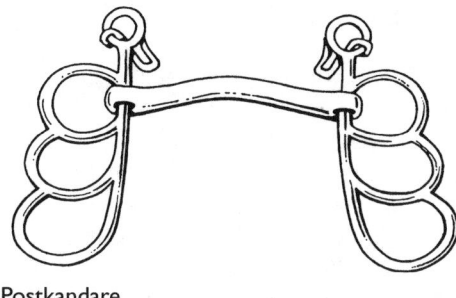

Postkandare

von der Anspannungsart und den gefahrenen Wagen.

Einspänner

Coupé: Liverpool-/Buxtonkandare, großes Wagenpferd, schweres Sellettegeschirr.

Viktoria: ebenfalls Liverpool-/Buxtonkandare, der Größe des Wagens angemessenes Pferd mit elegantem Gangwerk, Kumtgeschirr.

Zweirädrige Damen – und Herrenwagen, zum Beispiel Cabriolet, Buggy (englisch): ebenfalls Liverpool-Kandare, Pferd je nach Größe des Wagens. Zum Cabriolet gehören ein Coupégeschirr, kein braunes Leder. Besitzt der Wagen stark gebogene Scherbäume, gehören eiserne Tragösen ans Geschirr, keine Ledertragösen!

Tandem

(Tandemcart oder hohe Dogcart, allerdings zur Größe der Pferde passend)

Jede Kandarenart darf gefahren werden.

Die Cart muß so hoch sein, daß der Kutscher vom Bockkissen aus über den Kopf und Hals des Scherenpferdes diejenige Stelle der Straße sehen kann, über welche das linke Wagenrad fahren wird! Das Vorderpferd kann im Sielengeschirr gehen, aber niemals in einem halben Zweispänner-Geschirr mit Kammdeckel! Die Vorderstränge sind an der Strangschnalle des Gabelpferdes eingehakt, nicht an den Scherbäumen! Hat die Tandemcart keine Bremse, muß mit Hintergeschirr gefahren werden, was aber allgemein immer anzuraten ist, da sonst die Geschirre auf den Pferden immer unvollständig wirken.

Die Leinenaugen der Kumtbügel sollen beweglich sein und dicht am Kumt anliegen, andernfalls würden sich die Vorderleinen stets darunter festsetzen. Dies ist besonders bei einem empfindlichen Vorderpferd gefährlich, weil dessen Leinen vor und hinter dem Leinenauge festgeklemmt werden.

Die Leinen werden wie bei einem Vierspänner geführt: linke Vorderleine über dem Zeigefinger (wie linker Zügel beim Einspänner), rechte Vorderleine zwischen Zeige- und Mittelfinger, darunter zwischen denselben Fingern die linke Hinterleine, die rechte Hinterleine genau wie die rechte Einspännerleine zwischen Mittel- und Ringfinger!

Zweispänner

Selbstfahrer für Herren: Mail-Phaeton, Spider-Phaeton, Dogcart, amerikanische Selbstfahrer.

Selbstfahrer für Damen: Damenphaeton, Spider, amerikanischer Damenphaeton

Pferde: kleinere Pferde, edel und gängig, bis ca. 160 cm Stockmaß

Leichtes Kumtgeschirr mit stahlpolierten Aufhalteketten; alle Kandaren.

Englischer Stil:
Pferde: Hackneys oder Hunter mit viel Gang und Gleichmäßigkeit. Englisches Kumt, Aufhalteketten mit poliertem Stahl, nie plattiert!

Ungarischer Stil:
Sielengeschirr oder Jucker mit oder ohne Ringgehänge. Livree oder Nationaltracht, zu letzterer Schnurrbart, Juckerpeitsche.

Amerikanischer Stil:
Pferde: leichte, schnelle Pferde oder Traber. Amerikanisches Geschirr, Kumt oder Sielengeschirr mit oder ohne Scheuklappen.

Vierspänner

Break, Char-à-bancs, Drag, Roadcoach Alle Kandaren möglich.
Pferde: Stangenpferde; stark, tief, kurzbeinig. Vorderpferde: gleiche Art, etwas leichter, edel und sehr gängig.
Passende Kumtgeschirre, stahlpolierte Aufhalteketten, englische Leinen und Peitsche, Leinenführung wie beim Tandem.

Ungarischer Stil:
Ungarisches Geschirr, nur bei diesem zusammengeschnallte Leinen und Juckerpeitsche.

Fahrpferde

Immer wieder diskutieren mehr oder weniger ausgewiesene Experten über gute und weniger gute Fahrpferde. Besonders das äußere Erscheinungsbild führt gelegentlich zu großen Meinungsverschiedenheiten. Ein sehr erfolgreicher Fahrer der Nachkriegszeit hat die für ihn wichtigsten Kriterien für das Aussehen eines Wagenpferdes folgendermaßen zusammengefaßt:

1. Es muß vier vorzügliche Beine mit erstklassigen Hufen haben. Ein Pferd ist nur so viel wert, wie seine Hufe aushalten.

2. Es muß über viel Boden stehen, damit es Raumgriff entwickeln kann. Die Schulter muß lang und schräg sein, dann bietet es Gewähr für eine gute Geschirrauflage.

3. Der Hals soll lang und ohne Unterhals sein, nicht zu tief angesetzt, damit das Geschirr nicht auf die Luftröhre drückt. Wichtig ist genügend Freiheit in den Ganaschen, damit keine Schwierigkeiten in der Beizäumung entstehen.

4. Der Widerrist soll ausgeprägt sein und lang in den Rücken auslaufen. Er ist Ansatz- und Stützpunkt für Sehnen und Muskulatur, die für den Bewegungsablauf wichtig sind.

5. Das Mittelstück soll wegen der ausgewogenen Statik nicht zu lang sein, die Kruppe dagegen muß lang und gut bemuskelt sein, um einen kräftigen Schub aus der Hinterhand entwickeln zu können.

6. Das Knie muß weit nach vorn reichen, das Sprunggelenk stark, tief sitzend und entsprechend gewinkelt, um eine weit unterreichende, tragende Hinterhand zu gewährleisten.

7. Das Pferd muß genügend Brust-

Das Fahrpferd
- hervorragende Hufe
- lange, schräge Schulter
- langer Hals ohne Unterhals
- ausgeprägter Widerrist
- nicht zu langes Mittelstück
- Kruppe lang und gut bemuskelt
- gute Hankenbeugung
- genügende Brustbreite und Gurtentiefe
- einwandfreier und zuverlässiger Charakter

breite und Gurtentiefe haben, um Herz und Lunge Platz zu bieten.

Dem bleibt nur hinzuzufügen, daß neben dem Gebäude auch Charakter und Temperament wichtig sind. Nicht nur das Pferd soll absolutes Vertrauen zu seinem »Chef« haben, umgekehrt muß sich der Fahrer auch hundertprozentig auf den einwandfreien Charakter seiner Pferde verlassen können. Andernfalls sieht es schlecht für ihn aus, weil die Einwirkungsmöglichkeiten mit der langen Fahrleine, mit Stimme, Peitsche und Bremse vom Bock aus unvergleichlich geringer sind als etwa die des Reiters, der regelrecht »im Pferd« sitzt.

Fütterung

Viele Fahrsportler schwören auf Gerste statt Hafer als Energiefutter. Und verweisen bei erstauntem Gesicht der Zuhörer auf die vielen Leistungspferde des Vorderen Orients: Dort ist Hafer gänzlich unbekannt, und trotzdem bringen die Pferde eine großartige Leistung, eben mit Gerste.

Untugenden und Fehler

Abdeichseln und Drängen

Abdeichseln und Drängen können verschiedene Ursachen haben: Außer einseitiger Steifheit (entweder Wölbung oder Höhlung), die durch das gesamte Pferd geht, kommen als Ursachen in Betracht: falsche Zäumung, falsche Leinenverschnallung, schlechtes Fahren, glatte Straßen, schlechte oder fehlende Stollen oder eine mangelhaft wirkende Bremse.

Wie der Begriff schon sagt, bedeutet abdeichseln, daß das Pferd von der Deichsel wegdrückt. Zum Beispiel kann es in der Stadt durch einsetzenden Regen plötzlich so glatt werden, daß Pferde, die bislang nie auseinandergezogen haben, plötzlich enorm abdeichseln. Ursache dafür ist ein Ausgleiten meist des äußeren Vorderfußes. Wäre kein Aufhalter vorhanden, wäre der Fall erledigt, der Aufhalter aber wird dem Pferd in der jetzigen Situation zur Qual; es versucht, den Aufhalter zu beseitigen und durch Abdeichseln loszukommen.

Der mitdenkende Fahrer muß nun, so gut er kann, dem Pferd helfen, den Zug des Aufhalters aus der Welt zu schaffen, ihn so einrichten, daß er das ängstlich gewordene Pferd nicht mehr stört. Wohl dem, der einen Beifahrer dabeihat! Das sollte übrigens eine wichtige Handlungsmaxime sein: Immer zumindest einen Beifahrer mit auf die Kutsche nehmen, auch wenn man »nur« einspännig fährt!

So jedenfalls lassen sich die Pferde nun leichter umspannen, das heißt die Pferde auf die jeweils gegenüberliegende Seite wechseln. Dann geht das Pferd sofort sorglos weiter, denn in seinen »Gedanken« gibt es nur das Bild vom Ausgleiten auf der einen Seite. Ist aber keine Möglichkeit zum Umspannen gegeben oder glaubt der Fahrer, dies sei nicht nötig, sollte wenigstens der Aufhalter um ein Loch verlängert sowie die Innenleinen sehr kurz genommen werden (dies ist aber gegen jegliche sonstige Regel!). Die Bremse setzt man fein dosiert ein.

Durch die kurzen Innenleinen rücken die Pferde wieder näher zusammen, dadurch werden die Aufhalter lose und nicht mehr als Widerstand spürbar. Durch sehr vorsichtiges, verständiges

Fahren gelingt es meist nach wenigen Minuten, daß die Pferde wieder Vertrauen gefaßt haben, die Innenleinen können wieder nachgegeben werden, und es kehrt wieder Ruhe im Gespann ein.

Die entgegengesetzte Verhaltensweise zum Abdeichseln ist das Drängen zur Deichsel hin. Dies geschieht, wenn das Pferd nach außen rutscht oder auf Landwegen nicht in die Straßenbahngleise treten, sondern dazwischen laufen will. Das eine Pferd will sozusagen das andere weghaben.

Am besten hilft folgendes: Das Gespann stehen und verschnaufen lassen, im Halten die Nasen ganz zusammennehmen, vorsichtig mit einem Innenzügel stark nach innen abbiegen und die Innenleinen so viel verkürzen, daß beide Pferde bei gerader Kopfstellung in den (allerdings heute nicht mehr oft vorkommenden) Gleisen gehen können. Fahren Sie dann möglichst ohne Bremse, weil anstehende Aufhalter immer eher zum Abdeichseln als zum Drängen anregen.

Drängen kann aber auch auf stark gewölbter, vereister Fahrbahn vorkommen. Erfahrene Fahrer raten deshalb, schon im November für gute, scharfe Stollen zu sorgen. Damit ist ein wesentlich besserer Gleitschutz gegeben. Eine andere Möglichkeit ist der Einsatz der seit geraumer Zeit auf dem Markt eingeführten gummiummantelten Hufeisen mit Eisenkern, die ein Aus- oder Wegrutschen verhin-

Abdeichselnde (links) oder drängende Pferde (rechts) sehen im Gespann nie gut aus. Ursache ist meist eine Fehlstellung, die entweder auf eine falsch verschnallte Leine oder auf einen falschen Beschlag hindeutet. In jedem Fall müssen Sie die Ursache sofort abstellen.

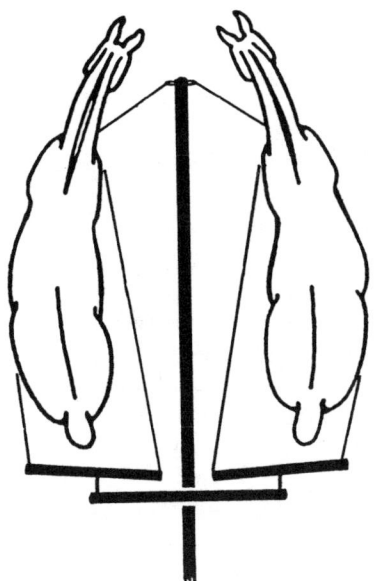 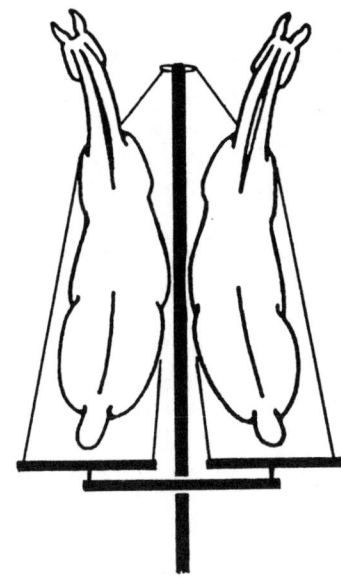

Hilfsmittel beim Drängen

Als nützlich hat sich die sogenannte Strangbürste erwiesen, die in Höhe der Vorderbeine an der Deichsel befestigt wird. Berührt das Pferd diese Bürste, entfernt es sich dann meist ziemlich schnell und findet den angemessenen Abstand wieder.

---

dern können. Diese Hufeisen werden in Wien im Straßenverkehr mit bestem Erfolg eingesetzt!

Das einfachste Mittel beim Abdeichseln bleibt allerdings wie beim Drängen das Umspannen der Pferde. Im übrigen ist es eine hervorragende Übung für die Pferde, die auf diese Weise nicht immer auf der gleichen Position gehen, sondern immer wieder wechseln. Damit werden die Pferde auf keinen Fall einseitig steif.

Weitere Tips zur Korrektur von Fehlern und Unarten

Grundsätzlich gilt: Fehler des Fahrers lassen sich nur vermeiden, indem er mit Verstand und offenen Augen durch die Lande fährt. Das heißt, er muß sein Gespann und die Verkehrslage vorausschauend, mit gespannter, aber nicht verkrampfter Aufmerksamkeit beobachten, um frühzeitig korrigierend einwirken zu können. Dazu gehört auch, daß es nie vorkommen darf, daß der Fahrer aufsitzt, **ohne** Wagen und Anspannung vorher gründlich nachgesehen zu haben.

Fehler bei Fahranfängern sind vor allem das Anfahren mit angezogener Handbremse sowie Paradengeben ohne Bremsengebrauch und das Absteigen, ohne die Bremse anzuziehen.

Zurufe, Zungenschnalzen und Peitschensurren bei Pferden ungleichen Temperaments sollten Sie vermeiden.

Das ohnehin schon fleißigere Pferd treibt dies nur vermehrt an und regt es zu noch größerem Einsatz an. Besser ist es, gezielt das faulere Pferd anzusprechen und anzutreiben!

Temperamentsunterschiede sind im übrigen auch der Grund, weshalb halbe Scheuklappen unzweckmäßig sind: Häufig schielt das muntere Pferd darunter nach der Peitsche hervor und reagiert auf die Peitschenhilfe, die eigentlich dem faulen Pferd gelten sollte.

Viele Freizeitfahrer ziehen zur Einleitung einer Wendung an der inneren Leine, statt – nach Achenbach vorgeschrieben – die äußere nachzugeben. Letzteres reicht meist schon aus, um eine Wendung zu fahren. In jedem Fall aber ist diese Handhabung pferdefreundlicher, da man dem Pferd im Maulbereich keine Schmerzen zufügt.

Unter den Fahrfehlern wie plötzliches Durchparieren und Halten ohne Bremsengebrauch sowie scharfe Wendungen ohne entsprechendes Zurücknehmen des Tempos leiden vor allem die Gliedmaßen der Pferde. Ist eine Wendung zu klein geraten, sollten Sie schnell mit der inneren Leine nachgeben, sie notfalls aus der linken Hand herausziehen und eventuell mit der Peitsche das innere Pferd antreiben.

Was kann man tun, wenn das Pferd scheut? Der Fehler liegt meist in der Ausbildung. In diesem Fall muß das Pferd, eventuell unter dem Sattel, Scheufreiheit erlernen und dazu an alle möglichen Situationen gewöhnt werden. Das funktioniert nur auf der Grundlage eines guten Vertrauensverhältnisses zwischen Mensch und Pferd. Ein scheuendes Pferd zu bestrafen oder mit Gewalt zum Gehorsam zu zwingen, wäre der größte, kaum wieder gutzumachende Fehler!

Fehler wie »Das Pferd fällt auseinander«, »Das Pferd geht hinter dem Zügel« oder »Das Pferd hat ein totes Maul« beruhen allesamt darauf, daß es nicht mehr am Gebiß steht, den gegebenen Leinenhilfen ausweicht oder hinter der Senkrechten geht, ohne das Gebiß anzunehmen und deshalb nur noch auf ganz grobe Hilfen reagiert. Nur durch ständige weiche und aufmerksame Verbindung zwischen Hand und Pferdemaul unter häufigem Nachgeben und Annehmen der Leinen können Sie diese Fehler vermeiden beziehungsweise abstellen, allerdings alles auf der Grundlage einer soliden Grundausbildung von Pferd und Fahrer!

Ausfahrten

Ein- und Mehrtagesfahrten mit dem (Plan-)Wagen

Es dürfte sich eigentlich von selbst verstehen, daß nur der solide ausgebildete Fahrer mit einem verkehrssicheren Fahrzeug solche Ausfahrten unternehmen sollte. Für ihn sind die folgenden Tips und Ratschläge gedacht, welche ihn in die Lage versetzen, wie in einem Reisecheckbuch Notwendiges abhaken zu können. Dann kann ein solches Unternehmen zur Zufriedenheit aller – auch der Pferde – durchgeführt werden und gelingen, ganz gleich, ob allein, mit einem oder mehreren Pferden, mit (Plan-)Wagen und mehreren Fahrgästen oder ein- oder mehrtägig.

Bei einer längeren Fahrt, ob nun zwei Tage oder zwei Wochen, sollten wir bedenken, daß wir den ganzen Tag mit unseren Vierbeinern zusammen sind, was wir sonst im Alltag vielleicht nur sonntags einmal erleben. Für eine solche Fahrt sind bestimmte Vorbereitungen notwendig. Handelt es sich nur um eine Tagesfahrt, bei der wir abends wieder in den heimatlichen Stall zurückkehren, gestalten sich diese Vorbereitungen nicht so umfangreich wie bei Mehrtagesfahrten. In jedem Fall aber sind der Beschlag, der Wagen und das Geschirr auf ihren einwandfreien Zustand zu überprüfen sowie die geplante Fahrstrecke vorher auszuloten, ob es überhaupt möglich ist, diese Wege zu benutzen.

Der Beschlag

Stellt sich heraus, es wäre besser, das oder die Pferde vor Fahrtantritt beschlagen zu lassen, sollten zwischen neuem Beschlag und Fahrtantritt etwa drei bis sechs Tage liegen. Niemand würde sich neue Wanderschuhe kaufen und diese gleich am nächsten Tag auf einer (Gebirgs-)Wanderung einsetzen, sondern er muß seine Füße erst einmal daran gewöhnen und die Schuhe gut »einlaufen«. Genauso sollten wir es mit unseren vierbeinigen Freunden tun.

Es gibt Pferde, die nach dem neuen Beschlag leicht klamm »wie auf Eiern« gehen. Hier könnte ein dicker Lehmbrei mit etwas Essig und/oder essigsaurer Tonerde helfen, mit dem die Hufsohlen einige Tage eingeschlagen werden können. Allerdings darf der Brei nicht austrocknen, sondern muß jeden Tag neu eingefeuchtet beziehungsweise gänzlich erneuert werden. Ist kein Lehmbrei vorhanden, hilft auch gekochter Leinsamenbrei.

Sollten Sie mit einer stärkeren Hufeisenabnutzung rechnen, sollte man si-

Mit essigsaurer Tonerde und etwas Azetat kön-
ne Sie dicke Beine oder Sehnen schnell selbst
behandeln, wenn Sie dieses Gemisch direkt auf
die betroffenen Stellen schmieren und mit
einer elastischen Binde von unten nach oben
gerollt verbinden. Die notwendige Bindenklam-
mer sollten Sie immer an der Außenseite des
Beines befestigen.

cher sein, daß an den Raststationen oder
Übernachtungsstellen ein Hufschmied
»greifbar« ist.

Geschirr und Leinen

Es sollte eine Selbstverständlichkeit sein,
nur gut gepflegtes, weiches, sauberes und
gut angepaßtes Geschirr aufzulegen.
Dann nämlich fallen vorher schon eventuelle Mängel auf, und man muß nicht
während der Fahrt selbst eine Reparatur
vornehmen. Denn nicht überall dürfte
ein (guter) Sattler anzutreffen sein! Wer

schon vor Fahrtantritt weiß, daß es für
seine Pferde anstrengend wird, der sollte
an den Einsatz von Geschirrschonern aus
Schaffell denken, um etwaige Geschirr-
drücke nach Möglichkeit von vornherein
zu vermeiden.

Der (Plan-)Wagen

An jedem Wagen sollte eine Feststellbremse vorhanden sein, bei Planwagen
zum Beispiel für gewerbliche Personenbeförderung eine Vierradbremse mit
zwei unabhängigen Betätigungseinrich-
tungen. Zu den weiteren Sicherheitsein-
richtungen gehören sichere Auf- und Ab-
stiege, Haltegriffe und ein Fahrersitz, der
auch längere ermüdungsfreie Fahrten ermöglicht. An Planwagen, die die freie
Sicht des Fahrers nach hinten einschrän-
ken, müssen zwei große Rückspiegel angebracht sein, mit deren Hilfe der Fahrer
den nachfolgenden Verkehr beobachten
kann.

Das zulässige Gesamtgewicht der Wagen, vor allem der Planwagen, darf nicht
durch eine höhere Personenzahl oder
sonstiges (zum Beispiel Futter) über-
schritten werden. Ein gut les- und sicht-
bares Hinweisschild am Wagen sollte diese Daten jedem Mitreisenden vor Augen
führen. Die mitfahrenden Personen müssen sicher sitzen können, auch bei Berg-
und Talfahrten. An besonders langen
Planwagen sollten seitliche Notausstiege
angebracht sein.

Selbstverständlich sollte auch eine
nach StVZO vollständige, intakte Beleuchtungseinrichtung vorhanden sein,
wie diese in den Sicherheitstechnischen
Empfehlungen der FN vom 18. 3. 94
dargestellt ist (hier auch weitere Details).

Mitzuführen sind bei Fahrzeugen zur gewerblichen Personenbeförderung ein bauartgenehmigtes Warndreieck, ein Verbandskasten, eine Taschenlampe und ein Radschlüssel. An allen Fahrzeugen ist ein wirksamer Unterlegkeil gemäß der StVZO anzubringen. Auch für die Außenmaße gibt es Bestimmungen: maximale Höhe mit Planaufbau 4 m, maximale Breite des Wagens 2,5 m.

Selbstverständlich sollte der Wagen (und auch der Drehkranz) frisch abgeschmiert und sauber gewaschen sein.

Die Fahrstrecke

Stark befahrene Autostraßen sollte man nach Möglichkeit meiden, da in diesem Fall die Fahrt keine Erholung bieten dürfte. Es gibt eine ganze Reihe von Verbindungswegen zwischen den einzelnen Ortschaften, die wenig befahren werden.

Ein Ponyzweispännerplanwagen, der nach heutigen Sicherheitsstandards sowie gemäß der StVZO gebaut wurde.

Deshalb ist es unabdingbar, die exakte Strecke vorher auszusuchen, möglicherweise mit dem Pkw abzufahren und dann endgültig festzulegen. Eine topographische Karte mit den entsprechenden Anschlußkarten vom Start aus gehört ebenfalls ins Reisegepäck. In diese Karten lassen sich die Rastplätze eintragen, an denen gefüttert werden soll. Am besten geeignet dafür sind Bauernhöfe, auf denen der Fahrer die Pferde rasten lassen und man selbst übernachten kann. So wird außerdem vermieden, die Pferde unnütz im Regen und Wind stehenlassen zu müssen. Vor jeder Rast sollten die letzten zwei Kilometer Schritt gefahren werden, damit die verschwitzten Pferde bis zum Halt trocknen können.

Falls es nicht zu warm ist, ist es ratsam, die Pferde einzudecken. Dies gilt auch für kalte Ställe. Untersuchen Sie die Pferde bei einer Rast auf Geschirrdruck und Streichwunden, die Hufe auf eingetretene Fremdkörper, lockere Eisen und verlorene Nägel und Stollen. Dies darf bei keiner Rast versäumt werden.

Eine komplette Kraftfutterration für einen ganzen Tag sollte auf dem Wagen mitgeführt werden, Heu und Stroh lassen sich meist problemlos an den vorher ausgesuchten Stationen kaufen.

Bestehen solche Möglichkeiten nicht, kann auch ein Begleit-Pkw das benötigte Futter an die vereinbarten Plätze bringen. Unter Umständen kann man auch hier in mitgebrachten Zelten oder dergleichen übernachten.

Mitnehmen sollten Sie weiterhin für jedes Pferd ein Halfter mit Anbindestrick, einen Reservestrang, einen Reserveaufhalter, ein weiteres Ortscheit, ein längeres Stück starke Schnur, ein Taschenmesser und zwei Eimer zum Tränken und Füttern, falls keine Futterkrippe oder Tränken vorhanden sind. Bewährt haben sich wegen des geringen Platzbedarfs auch Futterbeutel. Vergessen werden sollten auch nicht Regenmantel und Wolljacke, ebenso Putzzeug, alle Utensilien für eine gründliche Hufpflege, ein Fläschchen Jodtinktur, zwei Streichkappen, ein kleines Ölkännchen und für jedes Pferd eine Decke und Schwämme.

Um schnell und unkompliziert dicke Beine oder Sehnen selbst behandeln zu können, brauchen Sie etwas Azetat und

Empfehlungen von Max Pape

Max Pape (1889–1978), Schüler Benno von Achenbachs, empfahl, sicherheitshalber folgende Gegenstände mitzunehmen:

- ein mit Rehfell gefüttertes Brustblatt
- einige Filzstücke mit je zwei kleinen Riemen, die rechts und links von geschwollenen Stellen oder Druckstellen anzuschnallen sind
- ein Ölkännchen zum Schmieren des Drehkranzes
- Hufschmiere
- eventuell Beschlagsack mit Hammer und Zange
- Schraubenschlüssel
- Stollen
- Gewindebohrer
- Reserveeisen
- Reservehufräumer
- Bremsklötze
- Stränge
- Aufhalter
- Zugösen
- Karabiner
- Schraubenzieher
- Korkenzieher
- Verbandszeug
- Putz- und Handtücher
- Leder
- Schwamm
- Bandagen
- Binden
- Stallapotheke
- Tränkeimer
- Kerzen

All dies sollte man allerdings nicht achtlos in der Nähe von Heu oder Stroh beziehungsweise leicht brennbaren Materialien aufbewahren und verwenden. Nützlich kann auch die Mitnahme einer zusammenleg- oder -schiebbaren Reservepeitsche sein.

essigsaure Tonerde, die Sie immer dabeihaben sollten, sowie einen guten Wund-
puder, elastische Binden, zwei Ersatzei-
sen, Hufnägel, einen Beschlaghammer
und eine Zwickzange.

Wenn Ihr Pferd aus irgendeinem
Grund das Futter verweigert, läßt sich
dies meist mit einer selbst hergestellten
Mash kurieren, die aus ¼ kg Leinsamen,
einem Eßlöffel Salz, 1 kg gequetschtem
Hafer und 1 kg guter Weizenkleie besteht.

Der Leinsamen wird mit dem Salz in
etwa 2 l Wasser gekocht, die so entstandene schleimige Flüssigkeit mit den eben
genannten Zutaten vermischt und erst
nach Auskühlen verfüttert. Diese Zutaten
sollten demnach ebenfalls »an Bord« sein.
Falls dies nicht hilft, muß selbstverständlich ein Tierarzt zu Rate gezogen werden!

Sollten die Pferde lahm gehen oder
krank werden, ist der Rat des Tierarztes
einzuholen. Insofern sollten Sie bei der
Planung daran denken, daß in der Nähe
des Quartiers ein Tierarzt, bei einer
größeren Zahl von Mitreisenden auch ein
Humanmediziner erreichbar ist.

Die Kleider und anderen Utensilien
des persönlichen Gebrauchs sollten Sie
nicht vergessen. Dies läßt sich meist problemlos im Bockkasten unter dem Sitz
verstauen, der mit Papier oder Stoff aus-
gekleidet wird, damit alles nach Möglichkeit sauber bleibt.

An vielen Jagd- und Pirschwagen ist
heute noch ein Gepäckträger angebracht,
auf dem man einen Koffer oder eine Kiste
verschnallen kann. Allerdings ist darauf
zu achten, diese Kleidungsstücke wasser-
dicht abzudecken, um vor unliebsamen
Überraschungen nach einem auch noch
so kurzen Regenschauer gefeit zu sein.

Die tägliche Wegstrecke

Wie viele Kilometer man täglich zurücklegen kann, hängt nicht nur vom Gelände
ab, sondern natürlich auch vom Trai-
ningszustand der Pferde.

In ebenen Bereichen und guten Straßen lassen sich bis zu 50 bis 80 km am
Tag zurücklegen; allerdings ist es empfehlenswert, dazwischen immer wieder
einen Ruhetag beziehungsweise einen
Tag mit einer kurzen Strecke von 10 bis
15 km einzuschieben.

Die Reisegeschwindigkeit sollte 10 bis
15 km in der Stunde betragen, wobei
nach längeren Trabstrecken immer wieder Schrittstrecken eingelegt werden
müssen, damit die Pferde Gelegenheit haben, sich zu strecken und zu erholen.
Bergab sollen die Pferde grundsätzlich an
den Hilfen stehen, um ein Stolpern oder
gar ein Fallen zu verhindern.

Auf langen Strecken spannt man nicht
zu kurz ein; besser sind die Aufhalter ein
Loch länger als allgemein üblich. Allerdings sollten sie auch nicht zu lang sein,
damit der nachrollende Wagen den Pferden nicht in die Hinterhand rollt, sie ver-
letzt und zum Durchgehen veranlaßt.

Übrigens: Die Pferde dürfen auch ruhig mal entlastet werden, vor allem wenn
es bergauf geht. Manchem Mitreisenden
tut es einmal ganz gut, abzusteigen und
ein Stück zu Fuß zurückzulegen!

Im Sommer fährt man morgens frühzeitig los, um mittags über die heißesten
Stunden des Tages und der stärksten Flie-
genplage eine längere Rast einlegen und
dann am Nachmittag bis zum Dunkel-
werden weiterfahren zu können. Falls die
Gelegenheit dazu besteht, stellen Sie die
Pferde über Mittag in einen Stall, eine
Scheune oder Schuppen, und schirren Sie

ab, wobei das Geschirr und dessen Aufla-gestellen am Pferd mit klarem Wasser ab-gewaschen werden sollten. Bewährt hat sich fließendes kaltes Wasser für die ange-strengten Pferdebeine, für die dies eine unendliche Wohltat ist! Bei Rastpausen im Wald muß man unbedingt auch auf giftige Bäume und Pflanzen achten!

Das Nachtquartier sollte genau über-prüft werden: Sauberkeit der Krippen und Tränken, eventuell hervorstehende Nägel, Festigkeit der Anbindevorrichtun-gen, Durchbruchsicherheit des Bodens, Fremdkörper in der Einstreu, herumste-hende beziehungsweise -hängende Ge-genstände, Zugfreiheit des Stalles und ähnliches. Werden die Pferde über Nacht angebunden, sollten Flankierbäume zwi-schen den Pferden vorhanden sein, damit sie sich nicht schlagen und somit verlet-zen können.

Im Straßenverkehr

Grundsätzlich gelten die Regelungen der StVO auch für pferdebespannte Fahrzeu-ge. Im besonderen wollen wir an dieser Stelle zum Beispiel auf das Parken des Gespannes aufmerksam machen. Hier gilt das gleiche wie für ein Kfz:

Geparkt wird nur in dafür ausgewiese-nen Bereichen. Die Leinen sollten in der Mitte des Wagens festgemacht werden, nicht seitlich! Durch ein Herumtreten der Pferde zur entgegengesetzten Seite werden die Leinen zu kurz, und die Pfer-de würden den Wagen unweigerlich nach rückwärts umwerfen. Die Pferde werden mit dem Innenstrang abgesträngt, der Wagen selbst gut angebremst. Zur Si-cherheit sollte immer wenigstens eine Person am Kopf der Pferde stehen. Pfer-den, die gern beißen, hängt man am be-sten einen Maulkorb um. Die Pferde selbst sollen verkehrssicher, das heißt scheufrei sein. Das bedeutet auch, daß sie gewohnt sind, ruhig zu stehen bezie-hungsweise stehenzubleiben, und auch so lange, bis sie zum Weitergehen aufge-fordert werden.

Geht ein Pferd im Gespann mit, das noch jung und unsicher ist oder nervös, spannt man es immer rechts ein, vom (Gegen-)Verkehr abgewandt.

Der Beschlag sollte einen guten Gleit-

Verkehrsregeln

Eine alte Regel besagt: »Zeichen ge-ben – länger leben!«
Das trifft für den Kutscher im Straßen-verkehr allemal zu. Allerdings: Inzwi-schen haben die Verantwortlichen ein-gesehen, daß zum Beispiel kaum ein anderer Verkehrsteilnehmer die Be-deutung dieser speziellen Zeichen überhaupt noch versteht. Früher, als es zum größten Teil nur Pferdefuhr-werke auf den Wegen und Straßen gab, war das kein Problem.

Aber heute? Um die Sicherheit der pferdebespannten Fahrzeuge zu er-höhen, hat man das Mitführen einer der Polizeikelle nachempfundenen unbeleuchteten oder in noblerer Aus-führung beleuchteten Kelle einge-führt, um die Fahrtrichtungszeichen vom Bock aus zu geben. Sollte der Kutscher dazu (noch) nicht in der Lage sein, kann ihm dabei auch der Beifahrer als Unterstützung behilflich sein.

schutz haben, damit die Pferde auf glatten Straßen nicht rutschen oder gar fallen und nicht nur sich selbst in Gefahr bringen, sondern auch in gefährlicher Weise den Verkehr behindern. Auf glattem Asphalt hat sich das leichte Anziehen der Bremse bewährt, aber nur so stark, daß die Stränge leicht anstehen, damit die Pferde den Wagen nicht dauernd aufhalten müssen, was ein ruhiges Geradeausfahren unmöglich macht.

Die Ladung auf dem Wagen muß sich in verkehrssicherem Zustand befinden. Der Fahrer ist in jedem Fall für die Ladung verantwortlich, auch wenn er selbst den Wagen nicht beladen oder das Beladen nicht beaufsichtigt hat.

Unvorhergesehene Ereignisse

Unvorhergesehene Ereignisse während des Fahrens führen immer wieder zu kritischen Momenten. Dies wird jeder, der die Leinen einmal in der Hand gehabt hat, bestätigen können.

Grundregel ist: Bei durchgehenden Pferden nie vom Wagen springen! Kopf hoch, oben bleiben! Auch wenn solche Situationen sehr ernst sein können, sollten Sie versuchen, auf jeden Fall Geistesgegenwart, Ruhe und eine gewisse Kaltblütigkeit zu zeigen. Haben Sie schon einmal erlebt, welchen Schaden unter Umständen ein durchgehendes, fahrerloses Gespann verursachen kann?

Erfahrene Trainer geben folgenden Rat: Wenn Ihnen Ihr Gespann, aus welchem Grund auch immer, in Feld, Wald und Flur durchgeht, sollten Sie zunächst versuchen, den Wagen auf dem Weg zu halten beziehungsweise das Gespann nach Möglichkeit in einen tiefen Acker zu lenken, damit die durchgehenden Pferde in diesem schweren Boden arbeiten müssen: Sie sinken genauso wie die Kutsche in den tiefen Boden ein, und sie werden daher Mühe haben, weiterhin davonzustürmen, ohne anzuhalten. Ist kein Acker vorhanden, sollten Sie versuchen, das Gespann auf einen Zirkel zu dirigieren! Versuchen Sie sich einmal vorzustellen, was ein Pferd seelisch durchlebt, wenn es völlig den Kopf verliert und ein Verhalten zeigt, welches es normalerweise niemals an den Tag legen würde: Durchgehende Pferde rennen in entgegenstehende Hindernisse, denen sie normalerweise ausweichen würden, sie laufen gegen Mauern und Bäume, in Menschenansammlungen, in Deichseln entgegenkommender Gespanne, weil sie nicht überlegen, sondern vor der Gefahr weglaufen wollen, um ihr zu entgehen!

Im Notfall

Ein Tip für viele Notfälle: Ein ehemaliger Bundestrainer der Gespannfahrer riet jedem seiner Fahrer beziehungsweise Beifahrer, immer zwei oder drei Strohkordeln zusammengewickelt in der Tasche bei sich zu führen. Wenn nämlich Lederteile reißen, zum Beispiel während der Fahrt, im Training oder im Wettbewerb, oder bei einer sonstigen Ausfahrt Teile verlängert oder verkürzt werden müssen und kein Loch mehr vorhanden ist, dann kann ein solcher Strick sehr hilfreich sein.

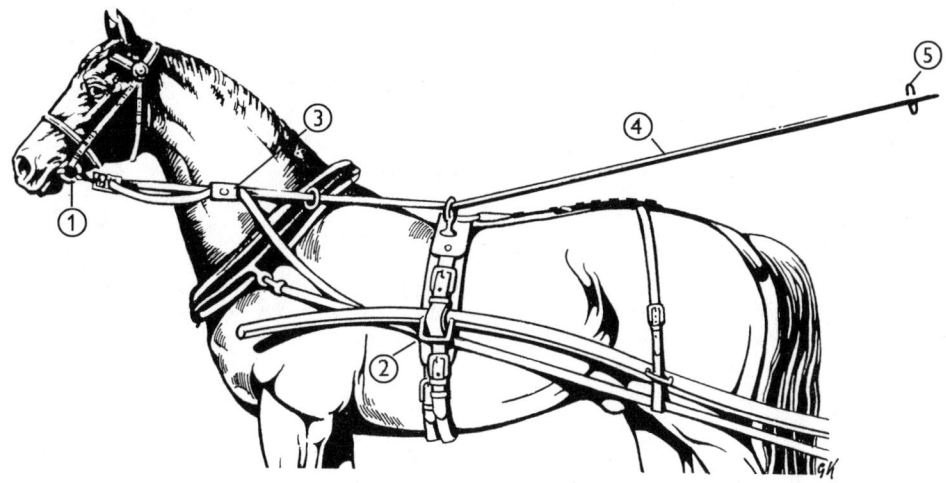

Eine von W. Hübner entwickelte Sicherheitsleine, die nicht in den Gebißringen ① endet, sondern weiter bis zur Strangschnalle ② reicht. Im mittleren Leinenteil befindet sich eine Art Kupplung ③, die mit Hilfe einer dünnen, reißfesten Leine ④ und einem Knebel ⑤ vom Fahrer in einer Gefahrensituation geöffnet werden kann. Somit kann der Fahrer mit einem wohldosierten Zug dem Pferd die notwendige Freiheit zum Vorwärtstreten für einen Moment nehmen.

Die Abbildung oben zeigt die Sicherheitsleine geschlossen, die untenstehende entkuppelt.

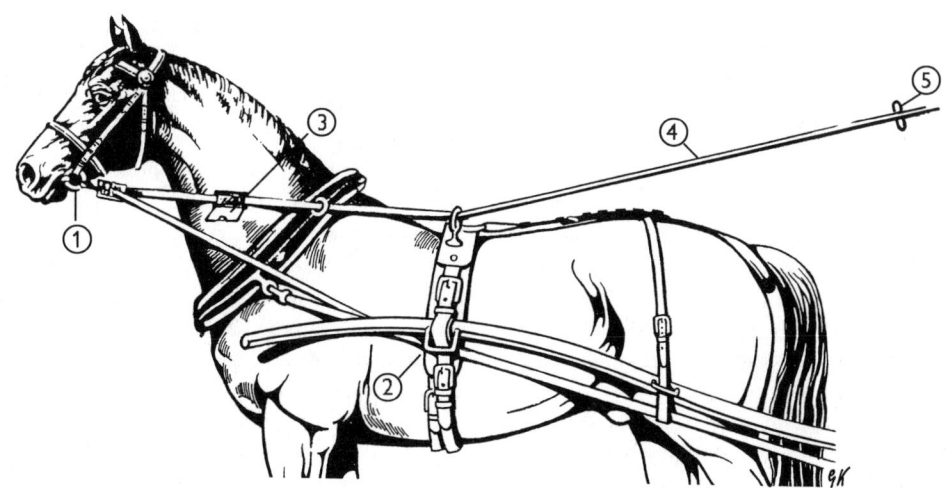

Ausrüstung für den Notfall

»Alte Hasen«, die bekannte Turnierfahrer aus einigen Staaten des ehemaligen Ostblocks wie Polen, Ungarn, Tschechoslowakei begleiteten, erzählen, daß sie immer ein scharfes Taschenmesser in der Hosentasche bei sich trugen, ganz gleich, ob Dressur, Marathon oder Kegel gefahren wurde, um im Notfall, wenn nichts anderes mehr half, Strang oder dergleichen durchschneiden zu können.

An Bord des Wagens befanden sich zu jeder Zeit Zangen, Hammer und Achsschlüssel, um in mißlicher Situation die Radmutter von der Achse lösen zu können. Der Hammer mit seinem praktischen Stiel wurde aber nicht nur als Werkzeug benutzt, sondern diente auch als Reparaturteil, wenn die Achse gebrochen war. Die Bruchstellen – früher waren die meisten Kutschen mit Holzachsen versehen – wurden wieder zusammengefügt, der Hammer mit Holzstiel mittig darüber gelegt und mit einer stabilen Kordel umwickelt und fest verknotet. So konnte jedes Gespann zumindest unbeschadet wieder dem Ziel entgegenfahren.

In der Marathon- oder Geländeprüfung waren immer an Bord: vorderer und hinterer Strang, eine Bracke und eine Longe, falls in diesem Bereich etwas zu Bruch ging.

Wie können wir das Risiko des Durchgehens auf ein Minimum reduzieren? Eine gute, korrekte Dressur, eine gute Gespannführung und eine auf fachmännischer Grundlage beruhende Beschirrung und Zäumung sind absolute Voraussetzungen. Schmerzen durch eine nicht passende Beschirrung (Geschirrdruck) oder zu scharfe oder unkorrekte Zäumung können Ursachen für eine Panik des Pferdes sein. Ebenso können das Reißen oder Brechen eines Geschirrteiles, eines Stranges, eines Aufhalters, der Leine, das Brechen der Deichsel oder das Herabfallen eines Scherbaumes oder eines Ortscheites ein Pferd zum Durchgehen veranlassen. Achten Sie daher auch auf die korrekte Pflege Ihrer Ausrüstung, und kontrollieren Sie sie vor einer Ausfahrt auf Risse, Brüchigkeit oder ähnliches.

Viele sehen in den Scheuklappen ein Allheilmittel gegen das Durchgehen. Leider stimmt dies nicht. Scheuklappen sind ein nützliches Hilfsmittel, aber meist sind es plötzliche Geräusche, die dem Pferd Schrecken einflößen.

Im vergangenen Jahrhundert wurde von einem Tüftler namens Hübner eine Sicherheits-Fahrleine entwickelt, die von Experten als sehr sinnvoll erachtet wurde. Sie unterschied sich von den bis zu dieser Neuentwicklung bekannten Leinentypen im besonderen dadurch, daß die Leinen nicht in den Gebißringen enden, sondern von diesen aus weiter bis zur Strangschnalle (oder einer ähnlichen Vorrichtung) reichen, an der sie mit den Endschnallen befestigt werden können. Im vorderen Leinenteil befindet sich zusätzlich eine dünne, reißfeste Schnur, die einerseits an einer Art Kupplung etwa 25 cm vor den Gebißringen befestigt ist und auf der anderen Seite, für den Fahrer gut erreichbar, an einem Knebel mit der Leine verbunden ist. Am Gebißring wird mit Hilfe eines Karabinerhakens ein kleines, flaschenzugähnliches Gerät eingehakt. In entgegengesetzter Richtung befindet sich eine Rollenkonstruktion, über die die Leinen geführt werden. Dadurch ist es dem Fahrer möglich, durch einen wohldosierten, leichten Zug dem Pferd die notwendige Freiheit zum Vorwärtstreten für einen Moment zu nehmen.

Die oben angesprochene Kupplung besteht aus zwei metallenen Klappen, die mit einem Scharnier verbunden sind. Die obere Klappe ist an der vom Fahrer kommenden Leine befestigt, etwa 25 cm vor dem erwähnten flaschenzugähnlichen Gerät am Gebißring. Die untere Klappe ist mit der dünnen Schnur verbunden, die über den Knebel angezogen werden kann und so diese Kupplung zu lösen vermag. Zusätzlich besitzt die untere Klappe einen Dorn, der das untere Leinenende aufnimmt und auf diese Weise eine feste Verbindung mit dem oberen Leinenteil eingeht. So eingesetzt endet die Leinenwirkung wie bei jeder anderen Leine im Gebißring, während sich das Leinenendstück inaktiv verhält. Mit dem Griff zum Knebel dieser Konstruktion öffnet sich sofort die Kupplung, das Leinenende fällt heraus, der Fahrer verkürzt mit gleichem Griff die Leine, bis sie fest ansteht, und erzwingt so ein baldiges Stillstehen des durchgehenden Pferdes.

Bricht beispielsweise durch das Steigen eines Pferdes bei einem Zweispänner die Deichsel, ist es ratsam, die jeweils innenliegende Kupplung zu lösen. Unmittelbar danach werden die Pferdeköpfe nach innen gegeneinandergestellt, und weitere Gefahr ist ausgeschlossen.

Diese Konstruktion ist nur für den Notfall gedacht und macht andere scharfe Gebisse oder ähnliche Marterinstrumente überflüssig.

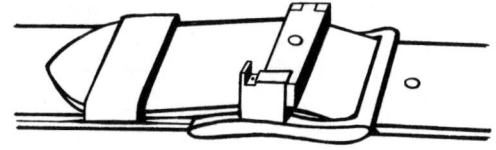

Theodor Lienen entwickelte eine Universalsicherheitsstrangschnalle, die durch einen Fingerdruck auf einen Federbolzen geöffnet werden kann und den Strang sofort löst.

Natürlich kann man sich nicht vor allen möglichen unvorhergesehenen gefährlichen Situationen schützen. Aber für einige schwerwiegende gibt es Tips und Ratschläge »alter Hasen«, die nützlich sind.

Was tun, wenn ein Pferd gestürzt ist und daliegt? Das schnelle Wiederaufrichten des »Havarierten« sollte der Fahrer mit Ruhe, Vorsicht und Bedacht versuchen. Zunächst sind die Aufsatzzügel auszuhaken, damit das Pferd bei seinen Bestrebungen, in die Höhe zu kommen, das Gleichgewicht wiedergewinnt. Das bei straffer Anspannung schwierige Lösen der Aufhalter und Stränge ist am einfachsten, wenn man den Kumtgürtel aufschnallt, der die Kumtbügel zusammenhält. Da allzu oft in solch einer Situation nicht daran gedacht wird, werden häufig die Geschirre mit einem Messer zerschnitten.

Vincent Wisniewski in Berlin entwickelte Ende des vergangenen Jahrhunderts eine nach ihm benannte Vorrichtung, um in derartigen Notfällen mit Hilfe eines Zugs an der Reißleine die Pferde vom Wagen zu lösen.

Theodor Lienen aus Düsseldorf erfand in den letzten Jahren des vergangenen Jahrhunderts eine sogenannte Universal-

Sicherheits-Strangschnalle, die durch einen Fingerdruck auf einen Federbolzen geöffnet werden kann und den Strang sofort löst. Wichtig ist in einer derart mißlichen Situation, den Kopf des liegenden Pferdes so lange am Boden zu halten, bis das Geschirr gelöst ist. Das Aufstehen erleichtert man vor allem bei glattem, rutschigem Boden dadurch, daß entweder eine Decke unter die Vorderfüße gelegt oder aber – falls vorhanden – Sand gestreut wird, damit das aufstehende Pferd Halt unter die Vorderbeine bekommt, wenn der Kutscher oder Helfer den Kopf in die Höhe gebracht hat. In jedem Fall aber sollten Sie verhindern, daß das Pferd möglicherweise auf den Karpalgelenken weiter vorwärtsrutscht. Denn diese sind nur durch wenige Hautschichten geschützt und scheuern sehr schnell bis zur Gelenkkapsel durch!

Wenn das Pferd durch den Sturz in eine Art Schockzustand geraten ist, hilft man sich am besten mit einem Eimer Wasser, den man dem Pferd über den Kopf schüttet. Niemals sollten Sie die Peitsche zur Unterstützung des Aufstehens benutzen!

Weiß der Fahrer schon von vornherein, daß er nahezu ausschließlich glatte Fahrbahnen wie feinen Asphalt benutzen muß, sollte er einen etwa 3 m langen Bandgurt mit sich führen, der mit festen, griffigen Lederschlaufen am Ende versehen ist. Ist das Pferd gestürzt, vom Geschirr befreit und ihm eine Decke untergelegt, wird der Gurt von vorn unter dem Körper durchgezogen, so daß er hinter dem Ellbogen anliegt. Zum Aufrichten werden Kopf und Hals hochgehoben. Sind die Vorderbeine nach vorn gestreckt, wird das Pferd auf das Brustbein gesetzt. Der durchgezogene Gurt wird von den Helfern auf der linken und rechten Seite strammgezogen und mit dessen Hilfe das Aufstehen des Pferdes unterstützt, während der Fahrer Hals und Kopf hochhält. Die Wagendeichsel sollte bei dieser Prozedur möglichst weit weggedrückt werden, damit sich das Pferd nicht mit den hinteren Extremitäten darunter verfängt.

Auch das Wetter spielt bei Ausfahrten eine wichtige Rolle. Extreme Witterungslagen, wie Hagelschlag und Gewitter, können ein Gespann in hellste Aufregung versetzen. Hier hilft nur Ruhe bewahren! Der vorausschauende Fahrer steigt früh genug ab, spannt aus, dreht die Pferde um, so daß sie mit den Köpfen an der Deichsel in Richtung Wagen stehen, und deckt sie vollständig ein, möglicherweise einschließlich des Kopfes. Er bleibt bei den Pferden und beruhigt sie durch sanftes Zureden!

Auch bei plötzlich auftretenden Anfällen von Sonnenkoller ist es ratsam, die Pferde in Ruhe an einen schattigen Platz zu fahren und auszuspannen. Denn damit verhindern Sie in jedem Fall, daß ein so erkranktes Pferd rasend wird, den Wagen umstürzt oder die Deichsel zerbricht. Wenn das Pferd schwankt, sollten Sie den Kopf einschließlich Genick mit einer Decke umhüllen. Denken Sie immer daran: Das Genick ist der sonnenempfindlichste Teil des Pferdes! Schatten, ein Eimer Wasser und Ruhe kurieren diese Erkrankung am besten. Pferde, die zu Sonnenkoller neigen, sollten Sie besonders sorgfältig beobachten.

Den besten Schutz vor Gefahren haben Sie mit einer soliden Ausbildung, solidem Geschirr, solidem Wagen, einer sorgfältigen Anspannung und Kontrolle, viel Ruhe, Vorsicht und Besonnenheit!

Literatur

ACHENBACH, BENNO VON: Anspannen und Fahren, 5. Aufl., Aachen 1988 (Nachdruck der Ausgabe von 1925)

BICKES, FRIEDRICH ADOLPH: Anleitung zur Kenntnis und richtigen Beurtheilung aller Arten von Equipagen, 2. Aufl., Freiburg 1833

LAUR, HERMANN P.: Das Fahrerabzeichen, 6. Aufl., Stuttgart 1994

Museum Achse, Rad und Wagen der Bergischen Achsenfabrik Fr. Kotz u. Söhne (Hg.): Achse, Rad und Wagen – Beiträge zur Geschichte der Landfahrzeuge, Bd. 1, Gummersbach 1991

PAPE, MAX: Die Kunst des Fahrens, bearb. von Anton Haug, 7. Aufl., Stuttgart 1989

SCHOENBECK, RICHARD: Deutsche Fahrkunde, 2 Bde., Wiesbaden 1981 (Faksimile-Nachdruck der Ausgabe von 1900)

Straße, Rad und Wagen. Aus der Geschichte des Wagner-Handwerks und des Verkehrs, Wolfbach 1988

WRANGEL, CARL G.: Das Buch vom Pferde, 2 Bde., vollst. neu bearb. u. verm. von F. W. Plessing, Hildesheim 1975 (Nachdruck der Ausgabe von 1927)

WRANGEL, CARL G.: Einiges über Fahren. Leinenführen. Einfache Vergleiche der verschiedenen Fahrsysteme, Hildesheim 1992 (Nachdruck der Ausgabe von 1898–1927)

WRANGEL, CARL G.: Das Luxus-Fuhrwerk. Ein Handbuch für Equipagenbesitzer, Hildesheim 1992 (2. veränd. Nachdruck der Ausgabe von 1898)

Register